# Y Claf Diglefyd

## Jean-Baptiste Molière

Hawlfraint © Gwasg Prifysgol Cymru, 1972

Cyhoeddwyd yn wreiddiol yng nghyfres *Y Ddrama yn Ewrop*
dan olygyddiaeth Emyr Humphreys, Bedwyr Lewis Jones,
Meirion Edwards a Gwyn Thomas.
Noddwyd gan Lywodraeth Cymru.

Argraffiad cyntaf 1972
Ail argraffiad 2011

Cedwir pob hawl. Ni cheir atgynhyrchu unrhyw ran o'r llyfr hwn na'i gadw mewn
cyfundrefn adferadwy na'i drosglwyddo mewn unrhyw ddull na thrwy unrhyw gyfrwng
electronig, mecanyddol, ffotogopïo, recordio nac fel arall heb ganiatâd ymlaen llaw gan
Wasg Prifysgol Cymru, 10 Rhodfa Columbus, Maes Brigantîn, Caerdydd CF10 4UP.

*www.gwasgprifysgolcymru.org*

Mae cofnod catalogio'r llyfr hwn ar gael gan y Llyfrgell Brydeinig.

ISBN 978-0-7083-2454-7

Datganwyd gan Wasg Prifysgol Cymru ei hawl foesol i'w chydnabod
yn ffynhonnell i'r gwaith hwn yn unol ag adrannau 77, 78 a 79
Deddf Hawlfraint, Dyluniadau a Phatentau 1988.

Argraffwyd gan CPI Antony Rowe, Chippenham, Wiltshire.

DRAMÂU'R BYD

# Y Claf Diglefyd

## Jean-Baptiste Molière

CYFIEITHIAD
BRUCE GRIFFITHS

GWASG PRIFYSGOL CYMRU
CAERDYDD
2011

Nodyn y Bwrdd Golygyddol

*Ceisir cadw cysondeb ffurfiau'r iaith drwy'r gyfres eithr y cyfieithwyr biau'r gair terfynol ar y materion hyn.*

Cyhoeddir gyda chymorth Cyngor Celfyddydau Cymru

# BYWYD A GWAITH MOLIÈRE

Ni wyddys dyddiad geni Molière.

1622 (15 Ionawr). Bedyddiwyd ef yn Jean Poquelin, yn eglwys Saint-Eustache ym Mharis. Mab oedd i Jean Poquelin, marsiandwr ac addurnwr cefnog: yn 1631 prynodd y tad swydd addurnwr y brenin. Fel rheol disgwylid i'r mab ddilyn ôl ei dad yn yr un swydd.

1624 Rhoddwyd enw ychwanegol iddo a'i alw'n Jean-Baptiste Poquelin.

1632 Bu farw ei fam, Marie Cresse. Ail briododd y tad yn 1633 â Catherine Fleurette, a fu farw yn 1636.
Am gyfnod anhysbys, rhwng 1631 a 1640, bu'n ddisgybl i'r Jeswitiaid yng Ngholeg Clermont (heddiw'r Lycée Louis-le-Grand) ym Mharis.

1637 Tyngodd ei lw fel olynydd bwriedig i'w dad yn ei swydd.

1642 Graddiodd yn y gyfraith yn Orléans. Gellid prynu'r radd heb astudio. Cymerodd le ei dad gyda llys y brenin ar y daith i Narbonne.

1643 Ildiodd pob hawl i olynu ei dad yn ei swydd. Ar 30 Mehefin ymunodd â'r teulu Béjart i ffurfio'r *Illustre Théâtre*. Bu'r cwmni'n chwarae yn y taleithiau am ychydig ac yna llogi neuadd ym Mharis yn 1644. Mabwysiadodd Jean Poquelin yr enw newydd "de Molière" (ni wyddys paham) ac yn 1644 enwir ef fel pennaeth y cwmni.

1645 Methiant a fu'r cwmni a thaflwyd Molière i garchar ddwy waith am ddyledion.

1645-58 Rhyddhawyd ef ac yna bu'r cwmni'n teithio'r taleithiau am dair blynedd ar ddeg. Yn ystod 1653-57 cawsant nawdd y Tywysog de Conty, uchelwr pwysig. Cyfansoddodd Molière nifer o ffarsiau bychain nad ydynt bellach ar gael.

1658 Dychwelodd y cwmni i Baris, a chwarae o flaen y brenin (Lewis Fawr) a'i blesio. Ymsefydlodd y cwmni yn neuadd y Petit-Bourbon, gan ei rhannu â chwmni o actorion Eidalaidd y dysgodd Molière lawer o'i grefft ganddynt yn ôl pob tebyg.

1659　Chwaraewyd *Les Précieuses Ridicules* (*Y Mursennod Gwirion*): ei lwyddiant mawr cyntaf.

1660　Bu farw ei frawd ac ymgymerodd Molière â swydd (mygedol mae'n debyg) gwas ystafell ac addurnwr y brenin.

1662　Priododd Armande Béjart, chwaer (neu yn ôl rhai, merch fach anghyfreithlon) Madeleine Béjart, a fuasai'n feistres iddo mae'n debyg. Hawdd dychmygu'r straeon hyll a daenwyd am y briodas gan elynion Molière, a oedd yn niferus iawn yn y llys.

Symudodd y Cwmni i'r Palais-Royal: yno y buont hyd farwolaeth Molière. Cafodd lwyddiant mawr gyda *L'École des Femmes* (*Ysgol y Gwragedd*), a derbyn incwm blynyddol gan y brenin. Ymosodwyd yn llym ar Molière oherwydd "anfoesoldeb" ei gomedi.

1664　Ganwyd plentyn iddo, a'r brenin yn dad-bedydd. Bu gŵyl fawr yn Versailles gan y brenin, a Molière yn chwarae nifer o gomedïau, gan gynnwys fersiwn gyntaf *Le Tartuffe* (*Y Rhagrithiwr*) a waharddwyd gan y brenin rhag iddi dramgwyddo'r "saint". Chwaraewyd dwy fersiwn arall yr un flwyddyn ond ni chafwyd caniatâd i'w chwarae'n gyhoeddus, heb sôn am ei chyhoeddi. Bu farw plentyn Molière yr un flwyddyn.

1665　Chwaraewyd *Dom Juan*. Ymosodwyd ar yr awdur eto am "anfoesoldeb" ei gomedi. Prun bynnag ni chafodd y ddrama ei chwarae wedyn na'i chyhoeddi tra roedd Molière yn fyw.

Cymerodd y cwmni'r enw "Cwmni'r Brenin" a derbyn incwm blynyddol sylweddol gan y brenin. Trawwyd Molière yn wael am ddau fis, bu'n wael eto yn 1666 ac ni ddaeth yn ôl i'r llwyfan tan 1667. Bu'n fregus ei iechyd trwy gydol ei fywyd ac ni allai meddygon anoleuedig yr oes wneud dim drosto. Ymosododd yntau ar feddygon yn ddidrugaredd mewn nifer o gomedïau.

1666　Ysgrifennodd *Le Misanthrope* (*Cásáwr Dynolryw*), ei drydydd campwaith (ar ôl *Le Tartuffe* a *Dom Juan*) a nifer o gomedïau eraill llai sylweddol.

| | |
|---|---|
| 1667 | Cyflwynodd fersiwn newydd o *Le Tartuffe* ond gwaharddwyd hi eto. Penderfynodd ef a'i wraig fyw ar wahân er mawr loes iddo. |
| 1668 | Gweithiai Molière yn galed fel trefnydd difyrrwch y llys, gan ymweld â phlasau'r uchelwyr i berfformio'n breifat. Ysgrifennodd *L'Avare* (*Y Cybydd*). |
| 1669 | Cafodd ganiatâd y brenin i chwarae *Le Tartuffe* yn gyhoeddus, ar ôl pum mlynedd o frwydro. Bu farw tad Molière. |
| 1670 | Chwaraewyd *Le Bourgeois Gentilhomme* (*Y Crach Fonheddwr*). Yn ystod 1670-72 ysgrifennodd nifer o gomedïau. |
| 1672 | Bu farw Madeleine Béjart, yn 55 oed. Ganed plentyn iddo ond bu farw yr un flwyddyn. |
| 1673 | (10 Chwefror.) Perfformiad cyntaf *Le Malade Imaginaire* (*Y Claf Diglefyd*). Bu'n llwyddiant aruthrol, gyda Molière yn chwarae rhan Argan. Bu'n cwyno efo'i frest ers tro, ac yn ystod y pedwerydd perfformiad (17 Chwefror) cafodd bwl difrifol o waeledd ar ganol y diweddglo. Aethpwyd ag ef adref, lle bu farw bron yn syth, yn ddim ond 51 oed. Gwrthododd offeiriad y plwy roi angladd Cristnogol iddo (roedd actorion yn esgymun gan yr Eglwys). Bu'n rhaid i'w weddw ymbil wrth draed y brenin i hwnnw ymyrryd a gorfodi Archesgob Paris i ganiatáu gwasanaeth angladdol iddo. Ar 21 Chwefror, am naw o'r gloch yr hwyr, claddwyd ef ym mynwent Saint-Joseph, a thyrfa anferth o 800 o wylwyr. Heddiw gorffwys ei weddillion ar ôl oes helbulus ym mynwent Le Père-Lachaise ym Mharis. |
| 1680 | Ar orchymyn y brenin, ymunodd hen gwmni Molière â chwmni arall i ffurfio'r Comédie-Française, Theatr Genedlaethol Ffrainc, a elwir o hyd yn "La maison de Molière" (Cartref Molière). |
| 1682 | Cyhoeddwyd holl weithiau Molière am y tro cyntaf, gan gynnwys *Dom Juan* a sensorwyd gan yr heddlu. |

# RHAGYMADRODD

YN 1973 fe ddethlir trichanmlwyddiant *Y Claf Diglefyd* a marwolaeth ei hawdur, Jean-Baptiste Poquelin, neu Molière, fel yr edwyn hanes ef. Er hynny, nid oes raid ymddiheuro am gynnwys ei waith yng nghyfres Y Ddrama yn Ewrop. Nid diddordeb hanesyddol yn unig sydd i'w gomedïau: maent yn rhan fyw, bwysig a dylanwadol o theatr gyfoes Ffrainc ac Ewrop. A dyfynnu Georges Lerminier mewn arolwg awdurdodol diweddar ar y theatr gyfoes: "Erys Molière yr awdur y chwaraeir mwyaf ar ei weithiau, yr awdur sy'n ennill cymeradwyaeth gyffredinol, sy'n rhoi'r cyfle gorau i actorion a llwyfanwyr berffeithio eu crefft. Nid oes machlud ar theatr Molière, prif atyniad y *Comédie Française* (27,000 perfformiad o'i waith ers 1680), a hefyd prif atyniad y T.N.P. (y Theatr Genedlaethol Boblogaidd), y Canolfannau Theatr Taleithiol a'r Theatrau Ieuenctid . . . ni phaid awduron ag addef eu dyled iddo ac i gyhoeddi eu hunain . . . yn etifeddion iddo" (yn *La France D'Aujourdhui*) (Paris, 1968).

Bu'r *Claf Diglefyd* yn llwyddiant aruthrol pan chwaraewyd hi gyntaf yn 1673—yn ail i *Le Tartuffe* yn unig o ran elw—ac ni phallodd ei phoblogrwydd ers hynny, fel y dangosodd llwyddiant ysgubol y cynhyrchiad yn Llangefni a thaith Cwmni Theatr Cymru. (Erbyn hyn bu rhyw 1,600 perfformiad ohoni yn y *Comédie-Française* yn unig.) Hawdd deall paham. Dyma gampwaith mwyaf Molière, meddai André Gide, ac yma, chwedl Saunders Lewis, "y gwelir ei ryddiaith berffeithiaf". Ynddi dengys Molière ei hun nid yn unig fel dychanwr ond hefyd fel artist cyflawn, yn asio cerdd, dawns a chân, yr apêl i'r llygad ac i'r glust, mewn cyfanwaith lle ceir, ar yr un llaw, y ddadl ddifrifol rhwng Argan a Béralde, ac ar y llaw arall gastiau lloerig Toinette a'r bwrlésg sy'n coroni'r cwbl. Nid na ellir hepgor llawer o'r "anterliwtiau" wrth raid, ond fe gollir rhywbeth o ysgafnder y gomedi a'i hafrealaeth. Mae yma ddefnydd chwerthin ar sawl lefel.

Ystrydeb yw dweud mai Molière a greodd neu a ail-greodd gomedi fel y syniwn ni amdani heddiw. Ond beth yn union oedd newydd-deb Molière? Fe chwaraeid "comedïau" yn Ffrainc cyn ei amser ef, wrth gwrs, ond o graffu ar y diffiniadau a roir gan feirniaid cyfoes fe welir nad oedd "deunydd chwerthin" yn un o nodweddion anhepgor y rhain o gwbl. Yn hytrach, dramâu urddasol a chaboledig, coeth eu harddull oeddent, yn olrhain helyntion cariadon (uchelwyr gan amlaf). Nodwedd amlwg oedd cynllun stori cymhleth iawn, yn llawn sefyllfaoedd anhygoel a rhamantus. Nid oedd nemor ddim ynddynt o ddigrifwch bras y ffarsiau oedd yn hoff gan y gwerinos a fynychai'r ffeiriau a'r marchnadoedd i wylio perfformiadau amrwd ar lwyfannau yn yr awyr-agored. Ni chyfrifid y ffarsiau yn weithiau llenyddol o gwbwl, ac fe'u dirmygid gan bob beirniad.

Cyhuddwyd Molière gan ei elynion o fod wedi difetha "comedi" trwy ddod ag elfennau o'r ffârs boblogaidd i mewn iddi, a'i throi'n beth chwerthinllyd! Beiwyd ef am droi aelodau parchus o'r dosbarth canol yn destun sbort, ac am beidio â thrafferthu rhyw lawer ynghylch y plot. Gyda hyn mewn cof, edrychwn ar *Y Claf Diglefyd*. Dengys hon yn amlwg y newidiadau hyn. Dibwys a chonfensiynol yw'r plot—roedd Molière eisoes wedi ei ddefnyddio yn *Le Tartuffe*, yn *L'Avare* ac yn *Le Bourgeois Gentilhomme* (yn wir, yr un mewn egwyddor yw diweddglo *Y Claf Diglefyd* a *Le Bourgeois Gentilhomme*). Ym mhob un o'r rhain y prif gymeriad yw tad, â chwilen yn ei ben ynglŷn â rhywbeth neu'i gilydd (arian, neu grefydd, neu afiechyd), sy'n penderfynu gorfodi ei ferch i briodi yn groes i'w hewyllys fel ag i foddhau ei obsesiwn ei hun. Esgus amlwg yw'r plot ym mhob achos, gan fod y cariadon yn ddieithriad yn llai diddorol a llai doniol na'r pen-dafad o dad. Eto cofier fod pethau digon difrifol ym mwriad Argan—nid yn unig y mae am orfodi ei ferch i briodi yn groes i'w hewyllys (peth cyffredin yn yr oes honno) ond mae hefyd am dorri'r gyfraith trwy geisio amddifadu ei blant o'u hawliau i'w heiddo fel ei etifeddion, a rhoi ei arian i'w genawes o wraig. (Ail wraig yw hi, gyda llaw: nid oes rhaid iddi fod mewn oed mawr, a gall fod yn brydferth.) Petaem yn cymryd bwriadau Argan o ddifrif, yna fe fuasai'n "gomedi ddu", yn debycach i *drame bourgeois* y ddeunawfed ganrif na dim arall. Nid yw syniad Argan o gael meddyg yn fab-yng-nghyfraith mor hurt ag y gall ymddangos. Peidiwn ag anghofio fod Argan yn pwysleisio mor gefnog yw teulu Thomas Diafoirus, ac yn ôl safonau'r oes hynod ariangar ddisentiment honno 'doedd dim i'w weld o'i le ar y briodas—nes i'r twpsyn Thomas ymddangos, wrth gwrs! Caiff Molière wared yn ddigon ysgyfala ar anawsterau'r plot: pan ddaw Purgon i felltithio Argan (III, 5) mae'n rhwygo'r addewid a wnaeth i waddoli Thomas ac ar ôl hyn 'does dim sôn am hwnnw fel darpar-ŵr—diwedd y gân yw'r geiniog! Yn gyfleus iawn, ni ddaw Thomas yntau i bledio ei achos. Am yr ail berygl—colli o'r plant eu hetifeddiaeth i Béline—daw pen arno pan agorir llygaid Argan i wir gymeriad ei wraig.

Er hyn oll, Argan, nid y cariadon, sydd bwysicaf. Yn lle stori gymhleth yn llawn digwyddiadau rhamantus a gwefreiddiol, cawn nifer o berspectifau digrif ar ffolineb Argan. Amcan pob golygfa o'r bron yw dangos cymaint o ffŵl yw. Dim ond pen-dafad hollol a gymerai ei dwyllo gan wraig mor amlwg o siwgraidd â Béline; gan ei ferch fach yn cogio marw; gan ffyliaid fel y meddygon rhwysgfawr; gan y ddau gariad yn canu'n serchog i'w gilydd; gan Toinette yn cogio bod yn feddyg; a chan y seremoni raddio. Nid comedi realistig mo hon: mae pob sefyllfa yn eithafol ac afreal er mwyn pwysleisio ffolineb yr arwr. Mae'n wir fod y seremoni raddio, er enghraifft, yn dilyn patrwm y seremonïau graddio go-iawn yn rhyfeddol o agos, ond yng nghyd-destun y gomedi amhosib credu y twyllid neb ond ffŵl ganddi. Dim ond mewn comedi afreal ac ysgyfala y gellid datod cwlwm problem y cariadon mor hawdd. A hynny, sylwer, trwy fwytho ffantasi Argan, *nid* trwy ei ddarbwyllo ei fod ar fai. Achos ni wêl ffyliaid Molière byth eu bod ar fai mewn un dim. Er iddo honni (yn ei ragymadrodd i *Le Tartuffe*) fod comedi yn addysgol, yn ymarferol ni welwn yr un o'i arwyr yn callio dim ar y diwedd. Pesimydd yn y bôn oedd Molière: chwedl Gwenllian Tudur, "Nid yw'n tynnu unrhyw gasgliadau, dim ond dychanu gwendidau, heb gynnig gobaith na gwaredigaeth" (*Llwyfan*, 5).

Petaem yn caniatáu am funud fod Argan yn wirioneddol wael, yna comedi hyll iawn fuasai hon. Mor agos yw comedi at drasiedi yn aml. Heddiw, yn wir, gallwn weld *fod* yna rywbeth o'i le ar yr hen Argan. Nid yw dyn normal yn treulio ei oes yn poeni am afiechydon dychmygol ac yn ofni marw. Awgrymwyd gan awdurdodau meddygol heddiw fod Argan (yn III, 10) yn disgrifio sumtomau clasurol gor-dyndra. Er hynny, yn ôl ei addefiad ei hun, mae'n bwyta, yfed a chysgu fel pawb arall, ac mae'n amlwg wrth ei fodd yn cael ei ddandwn gan feddygon a chan ei deulu. Mae'n esgus iddo ormesu ei deulu, a gallasai fod yn gymeriad cas iawn onibai ei fod yn deyrn hynod aneffeithiol—fe'i twyllir yn hawdd gan bawb, mae'n crynu'n ofnus o flaen ei feddygon, a gall ei wraig a'i blant wneud fel y mynnant ag o mewn gwirionedd, ond iddynt fynd o'i chwmpas hi'n ofalus, a mwytho ei syniadau ffôl hyd y pen.

Gwreiddioldeb mwyaf Molière, felly, yw iddo ddarganfod y gellid llunio comedi wrth ddadansoddi'r natur ddynol, ffaeleddau a ffolineb dynion, yn hytrach na chreu cyfres o sefyllfaoedd rhamantus mewn stori anhygoel o gymhleth. Ymddengys inni heddiw yn beth amlwg i'w wneud, ond roedd yn annifyr o chwyldroadol yn ei oes ef. Roedd y lleoliad—cartref clyd a pharchus dosbarth canol— yn ddieithr a chroes i'r confensiwn a dderbynnid cyn i Molière ddod i'w fri. Mae nodweddion gwreiddiol eraill. Creadigaeth Molière ei hun oedd y *comédie-ballet*—y gymysgedd o gomedi, canu a dawnsio. Soniais eisoes fod yma ddigrifwch ar sawl lefel, a bod Molière wedi tynnu ar y ffarsiau gwerinol am ddigrifwch. Roedd yn ddyledus hefyd i draddodiad comig y *commedia dell' arte*—comedi werinol yr Eidal—ac roedd cwmnïau o chwaraewyr Eidalaidd yn bur adnabyddus ym Mharis bellach. Tuedd y ffarsiau Ffrengig a'r *commedia* hithau, oedd adeiladu comedi o gwmpas personoliaeth ddigrif actor neu actorion arbennig, mewn cyfres o olygfeydd digrif wedi eu cysylltu'n llac â'i gilydd. Nid oedd y plot yn bwysig nac yn wreiddiol. Dibynnai llawer o'r hwyl ar ystumiau a champau corfforol yr actorion, ar slapstic a meimio. Bu cwmni Molière yn rhannu theatr â chwmni Eidalaidd am beth amser, ac nid oes amheuaeth bellach nad gan yr Eidalwyr—ac yn enwedig gan y digrifwr enwog, Scaramuccia—y dysgodd Molière ei grefft fel actor. Roedd hyd yn oed ei elynion pennaf yn cydnabod fod Molière heb ei ail fel digrifwr ar y llwyfan. (Methiant alaethus oedd mewn trasiedïau.) Sylwodd pob beirniad ar ei ddull "naturiol" o actio (h.y. o'i gymharu â'r dull prennaidd a dienaid oedd yn arferol mewn comedïau o'i flaen). Ystyr "naturiol" oedd ei fod yn defnyddio ystumiau ei wyneb a symudiadau ei gorff i fynegi teimladau—i ni, y peth amlwg a naturiol i'w wneud, ond peth syfrdanol o newydd bryd hynny. Fe wnâi'r Eidalwyr ddefnydd mawr o'r hyn a elwid yn *lazzi* sef campau neu ddulliau stoc o greu digrifwch. Mae nifer o'r rhain yn *Y Claf Diglefyd* a nodwn rai. Yn Act I, 2, dyna Toinette yn cogio iddi daro ei phen, ac yn bloeddio'n ddi-baid ar draws Argan i'w atal rhag cwyno; yn Act I, 5, ceir y gam-ddealltwriaeth faith rhwng Argan a'i ferch, un yn y cae tatws a'r llall yn y cae maip, yn sôn am ddarpar-ŵr. Yn Act II, 2, gwelwn Toinette yn symud ei gwefusau fel petai'n siarad, i beri i Argan feddwl iddo fynd yn fyddar. Yn Act II, 5, clywn Argan a Dr. Diafoirus yn siarad ar yr un pryd ac yn drysu ei gilydd. Yn y drydedd act, dyna Toinette yn dangos cryn sioncrwydd yn chwarae dwy ran ar unwaith—dyfais a ddefnyddiasai Molière o leiaf ddwy waith o'r blaen.

Ac eto, fel y gallwn deimlo wrth wrando ar y ddadl rhwng Argan a Béralde ar ddechrau'r drydedd act, mae rhywbeth mwy difrifol y tu ôl i'r cwbwl. Yn ystod y chwarter canrif cyn chwarae'r *Claf Diglefyd* rhwygwyd yr Eglwys yn Ffrainc gan ffrae ffyrnig rhwng gwahanol garfannau, yn enwedig rhwng y Jeswitiaid a'r Jansenistiaid. Ymysg gwahaniaethau eraill, cefnogai'r Jeswitiaid athroniaeth swyddogol yr Eglwys, sef sgolastigiaeth Aristotelaidd, yr unig athroniaeth a gydnabyddid yn swyddogol yn y prifysgolion, a sail meddygaeth fel pob dysgeidiaeth arall. Ond tueddai'r Jansenistiaid i gefnogi'r "syniadau newydd"—fel cylchrediad y gwaed, athroniaeth Descartes, a damcaniaethau Copernicus, pethau a danseiliai awdurdod yr hen athroniaeth. Yn 1669, fodd bynnag, daeth yr ymgecru i ben pan drefnwyd "cadoediad" gan y Pab a Louis XIV. Digon anesmwyth a fu'r cadoediad ac yn 1671 bu symudiad ar droed gan Gyfadran Ddiwinyddiaeth Prifysgol Paris i roi mewn grym hen ddeddf a basiwyd yn 1624 yn gwahardd, ar boen marwolaeth, dysgu unrhyw beth a oedd yn groes i'r hen awduron a gymeradwyid gan y Gyfadran Ddiwinyddiaeth. Bwriad hyn oedd llorio gelynion yr hen drefn, cefnogwyr Descartes a Gassendi, gyda'u damcaniaethau gwyddonol chwyldroadol, ac ar yr un pryd llorio'r Jansenistiaid, y garfan hereticaidd bron, a gefnogai syniadau Descartes bron yn ddieithriad. Beth bynnag, nid aeth y cais adweithiol hwn yn ei flaen, yn rhannol, efallai, oherwydd i'r bardd Boileau—cyfaill Molière—ei wneud yn destun hwyl. Mae tystiolaeth sicr fod Molière yn gwylio'r holl beth â diddordeb, ac iddo ystyried ysgrifennu comedi yn dychanu Diwinyddion y Brifysgol petai eu cais wedi mynd yn ei flaen. Nid oes amheuaeth bellach mai dyma sylwedd syniadol *Y Claf Diglefyd*: er mai Cyfadran Meddygaeth a ddychenir yma, prin yw'r gwahaniaeth. Aristotlys, Hippocrates a Galen—yr hen awduron—oedd ffynonellau gwybodaeth pob meddyg o hyd. Yr un meddylfryd dogmatig oedd y tu ôl i feddygaeth, yr un duedd i wrthod ystyried unrhyw ddarganfyddiadau newydd, unrhyw dystiolaeth newydd, unrhyw ddulliau arbrofol; dibynnai meddygon, fel diwinyddion, ar Ladin rhwysgfawr, ar fformiwlâu diystyr a malu awyr gwag, ar hollti blew di-ben-draw a defnydd afresymol o resymeg. Clywn Diafoirus yn brolio i'w fab wrthwynebu "darganfyddiadau honedig yr oes ynglŷn â chylchrediad y gwaed" yn hollol ystyfnig a chibddall, Sylwer hefyd, yn III, 6, mor debyg yw Purgon, yn melltithio Argan. i offeiriad neu ddiwinydd yn melltithio heretic neu bechadur.

Gellir yn deg honni y clywir ateb Molière i honiadau ofer meddygon, yn yr hyn a ddywed Béralde. Yn fyr, mae yntau'n dilyn sgeptigiaeth Montaigne a Gassendi (a fu'n athro i Molière fel y tybir), pan ddywed mai dirgelwch yw'r corff dynol, fod cyfrinachau bywyd ynghudd rhag dynion ac mai'r unig wellhâd yw dioddef yn dawel a gadael i natur wneud ei gwaith heb ymyrryd â hi â ffisig a thriniaeth feddygol o unrhyw fath. Er hynny, nodwn wahaniaeth: nid yw Molière yn gwadu fod cynnydd yn bosib: mae'n derbyn cylchrediad y gwaed; a'r hyn a ddywed Béralde yw fod y corff dynol yn ddirgelwch "*hyd yn hyn*"—pwy a ŵyr, efallai y daw goleuni pellach yn y dyfodol.

Fe welir fod i'r *Claf Diglefyd* ei lle ym mrwydrau meddyliol yr oes—y frwydr rhwng "awdurdod" ceidwadol a dogmatig, ac ofergoeledd, ar yr un llaw, ac ar y llaw arall, "syniadau newydd" y rhai oedd yn amau "traddodiad" a'r "hen awduron" bondigrybwyll, ac yr oedd yn well ganddynt ddulliau gwyddonol ac arbrofol. 'Doedd meddygon yr oes yn fawr gwell na chigyddion—mae tystiolaeth bendant iddynt waedu teuluoedd cyfain o blant i farwolaeth. Roedd y tlodion yn fwy ffodus—ni allent fforddio meddygaeth ac felly roedd eu siawns o wella, a byw, gymaint â hynny'n well. Erbyn heddiw mae gan feddygon amgen dulliau na gwaedu, a charthu. Gall ymddangos fod dychan Molière wedi dyddio. Ond onid yw'n wir o hyd fod gennym ryw ffydd ddall mewn meddygon, onid yw cyffuriau newydd yn ymddangos yn "wyrthiol" inni, a ninnau'n eu llyncu'n obeithiol, er na chawsant eu profi'n ddigonol? Pwy ohonom nad yw'n adnabod rhyw Argan cyfoes ymysg ei gyd-ddynion?

Buasai meddygon yn destun sbort yn hen ffarsiau gwerinol Ffrainc ac yn y *commedia dell' arte*. Dychanodd Molière hwy'n ddidrugaredd yn gyson—yn *Doctor er ei waethaf* ac yn *Dom Juan*, er enghraifft. Ond roedd ganddo resymau personol dros eu casáu. Ni allasant achub bywyd yr un o'i ddau fab bychan. Bu Molière ei hun yn cwyno efo'i frest o tua 1665—bu'n byw ar laeth yn unig am ysbaid hir, ond ni thyciai'r un driniaeth a gwaethygu a wnaeth ei beswch a'i boeri gwaed a oedd yn arwyddion diciâu, mae'n debyg.

Pesychai'n ddibaid wrth actio a bu'n rhaid iddo roi'r gorau iddi sawl tro am ysbeidiau maith. Mae ystyr annifyr felly i ateb Toinette yn y drydedd act mai "y frest" yw achos holl boenau Argan *oherwydd mai Molière ei hun a chwaraeai ran Argan*. Cyhuddwyd ef gan ei elynion o fod yn "glaf diglefyd" ac mewn pamffledyn gwawdlyd a gyhoeddwyd yn 1670 dangosodd yr awdur Molière fel claf diglefyd, gan ei herio, os gallai, i lunio gwell comedi ar y pwnc. Y gomedi hon yw ateb Molière i'r her. Mae rhyw eironi ofnadwy yn treiddio drwyddi, achos y tu ôl i fasg y claf diglefyd roedd wyneb claf go-iawn a wyddai ei fod yn marw: *dyma'r gomedi a laddodd ei hawdur*. Eironig yw clywed Argan yn lladd ar Molière am ddychanu meddygon, a daw ias oer dros ddyn wrth ei glywed yn dweud: "Petawn i'n ddoctor . . . ac yntau'n wael, mi adawn i iddo farw'n ddiymgeledd . . . mi ddwedwn i wrtho: 'Taga! taga'r diawl . . .' " Daw ias eto wrth glywed Argan yn gofyn yn bryderus: "Tybed nad ydi hi'n beryglus cymryd arnoch farw?" Sôn am herio Rhagluniaeth! Ond ar y diwedd, yn glyd yng nghanol torf o feddygon, onid oedd Argan-Molière yn ddiogel rhag angau? Nid felly oedd hi i fod.

Erbyn dydd y pedwerydd perfformiad (17 Chwefror, 1673) teimlai Molière yn ddifrifol wael. Dywedodd wrth ei wraig: "Rwy'n gweld fod yn rhaid imi roi'r gorau iddi," ac wrth un o'r cwmni meddai: "Rwy'n teimlo 'mod i'n darfod!" Edmygwn ei ddewrder a'i ofal dros y gweithwyr cyffredin a ddibynnai arno am fywoliaeth. Gwyddai ei fod yn marw, ond mynnodd ddal ati er pob cyngor: "Beth ddisgwyliwch chi imi ei wneud? Mae 'na hanner cant o weithwyr tlawd heb ddim ond eu diwrnod o waith i fyw arno. Beth wnân' nhw oni fydd perfformiad? 'Allwn i byth faddau i mi fy hun am fethu rhoi eu bara iddyn nhw am un diwrnod, a minnau'n atebol i'w roi." Gohiriwyd y perfformiad ychydig, a gorffwysodd. Yna, am y tro olaf, gwisgodd gap nos a gŵn llofft Argan; am y tro olaf crynodd o flaen Diafoirus a Phurgon. Am y tro olaf dychmygodd weld Meddygaeth yn ymrithio o'i flaen ac yn sgrechian: "Taga, taga . . ." Bu bron iddo lewygu ar ganol y seremoni raddio. Ychydig oriau'n ddiweddarach roedd yn farw. Ar ei wely angau galwodd am offeiriad, ond ni alwodd am feddyg. Tawodd llais Molière a daeth y distawrwydd mawr. Daethai diwedd ar ei fywyd a dechrau ar ei anfarwoldeb. Gwysiwyd y digrifwr dewr o flaen barn ddibaid tribiwnlys tragwyddoldeb. Prin bellach yr amheuir y dyfarniad mai ef yw comedïwr mwyaf y byd.

## GAIR AM Y CYFIEITHIAD

Lluniwyd fersiwn gyntaf *Y Claf Diglefyd* yn 1969 ar gyfer Cwmni Drama Theatr Fach Llangefni ar gais Mrs. Hazel Eames a'r diweddar Mr. George Fisher. Mrs. Gwenllian Tudur oedd yn gyfrifol am yr ail act ar wahân i ddeuawd y cariadon. Myfi oedd yn gyfrifol am y gweddill. Cwtogwyd rhai areithiau maith ar gyfer y llwyfan. Jonathan Mathias a awgrymodd y teitl bachog. Addaswyd y fersiwn gyntaf yn helaeth gan Gwmni Theatr Cymru ar gyfer eu taith, gan ddyfeisio geiriau newydd (nid cyfieithiadau o'r gwreiddiol) ar gyfer y Prolog, y seremoni raddio a rhai o'r caneuon eraill yn yr anterliwtiau. Yn ddiweddarach gofynnwyd imi fod yn gyfrifol am gyfieithiad llawn, gan adolygu'r fersiwn gyntaf yn llwyr, ar gyfer cyfres Y Ddrama yn Ewrop. Dilynais destun safonol 1682, ond yn lle'r Prolog gwreiddiol—bugeilgerdd faith ac anniddorol yn clodfori'r brenin—dewisais gyfieithu Prolog arall o argraffiad 1674 gan ei fod yn fyrrach ac yn dwyn perthynas â thestun y gomedi.

Prin oedd cyfarwyddiadau llwyfan yn argraffiadau oes Molière, felly mae gan gynhyrchydd ddigon o le i ddyfeisio chwarae doniol. Gellir hepgor yr anterliwtiau, wrth gwrs, gan newid ychydig ar ddiwedd yr act gyntaf a'r ail, ond rhaid cael rhywfaint o'r seremoni raddio. (Talfyrwyd llawer arni ar gyfer y llwyfan yn Llangefni a chan Cwmni Theatr Gymru.) Gellir cwtogi araith faith Cléante yn yr ail act.

Mae rhyddid i'r actor newid mân bwyntiau yn iaith y ddrama yn ôl gofynion y dafodiaith sy'n naturiol iddo, e.e. *fe*, yn lle *fo*, *'nawr* yn lle *rŵan* ond ni ddylid mynd dros ben llestri. Mewn ambell olygfa, yn arbennig y ffraeon rhwng Argan a Toinette, nid oes rhaid ymboeni am ddilyn y testun air am air. Yn nhraddodiad y *Commedia dell' arte* arferai actor amrywio'r ddeialog o noson i noson o fewn fframwaith yr olygfa ac mae'n siŵr mai dyma a ddigwyddai yng nghomedïau Molière yntau, yn arbennig yn y math yma o olygfa. Gall iaith Argan a Toinette fod yn fwy sathredig, gan mai hwy yw'r prif gymeriadau doniol, ond sylwer fod Béralde a'r cariadon yn siarad yn fwy urddasol a llenyddol, a Diafoirus yn hunanbwysig, ffurfiol a thrymllyd. Mae gan bob cymeriad ei briod iaith ac arddull a rhaid parchu'r gwahaniaethau.

Bruce Griffiths

Crewyd *Y Claf Diglefyd* am y tro cyntaf yn Gymraeg yn Theatr Fach, Llangefni, 19-24 Mai, 1969; cynhyrchwyd hi gan Hazel Eames ac fe gyfansoddwyd cerddoriaeth arbennig i'r gomedi gan Dr. Robert Smith, Coleg y Gogledd. Chwaraewyd y cymeriadau fel a ganlyn:

| | |
|---|---|
| Argan: | Glyn Williams |
| Béline: | Enid Morgan |
| Angélique: | Eirlys Williams |
| Louison: | Bethan Eames |
| Béralde: | Vernon Jones |
| Cléante: | Geraint Williams |
| M. Diafoirus: | Gwilym Owen |
| Thomas Diafoirus: | Kenneth Hughes |
| Dr. Purgon: | Dave Williams |
| M. Fleurant: | Griff R. Jones |
| M. Bonnefoi: | Eifion Williams |
| Toinette: | Gwenda Goodall |
| Polichinelle: | Dennis Williams |
| Y Ddwy Sipsi: | Nerys Vaughan Owen |
| | Rita Jones |
| Y Meddygon: | Len Morgan |
| | Dennis Williams |
| | Dave Williams |
| Y Llywydd: | Vernon Jones |

Bu *Y Claf Diglefyd* ar daith trwy Gymru gan Gwmni Theatr Cymru yn ystod Chwefror-Ebrill 1971. Y cynhyrchydd oedd Wilbert Lloyd Roberts.

Chwaraewyd y cymeriadau fel a ganlyn:

| | |
|---|---|
| Argan: | Meredith Edwards |
| Toinette: | Gaynor Morgan Rees |
| Angélique: | Christine Pritchard |
| Béline: | Iona Banks |
| M. Bonnefoi: | Owen Garmon |
| Cléante: | Dafydd Iwan |
| M. Diafoirus: | Gwyn Parry |
| Thomas Diafoirus: | Dylan Jones |
| Louison: | Margaret Charles |
| Béralde: | W. H. Roberts |
| M. Purgon: | Grey Evans |
| M. Fleurant: | Glyn Jones |

Pobl yr Anterliwtiau:

Polichinelle: Meic Stevens; gyda Gaynor Morgan Rees, Hefin Evans, Margaret Charles, Sharon Morgan, Nia Vôn, David Hywel, Dyfan Roberts, Glyn Jones.

Cyfansoddwyd y gerddoriaeth gan Meic Stevens, ag eithrio cân Cléante, a gyfansoddwyd gan Dafydd Iwan.

# PROLOG

*(Dengys y llwyfan goedwig. Cyfyd y llen i gyfeiliant swynol offerynnau. Yna daw bugeiles i gwynfan yn dyner na all gael unrhyw foddion i leddfu'r poenau y mae'n eu dioddef. Daw ati lawer o ellyllon y coed, hanner geifr, hanner dynion, a ddaeth ynghyd ar gyfer eu dathliadau a'u chwaraeon arbennig hwy. Maent yn gwrando ar ei chwynfan ac yn creu golygfa ddifyr iawn.)*

>    Twyll a ffug yw'ch holl wybodaeth,
>       Feddygon hurt a gwirion,
>    Ni fedrwch wella, â'ch geiriau mawrion,
>       Fy nghlefyd sy'n anobaith,
>    Twyll a ffug yw'ch holl wybodaeth.
>
>    Truan wyf! rhaid imi gelu
>       Fy serch a'i holl ofalon
>    Rhag y llanc yr wy'n ei garu—
>       'Runig un all wella 'nghalon.
>    Peidiwch sôn fod gennych foddion,
>    Feddygon hurt; mae'n ofer, dyna ffaith:
>    Twyll a ffug yw'ch holl wybodaeth.
>
>    I'm poenau i, ofer yw eich moddion ffôl,
>    Er mor glyfar ydych, 'nôl y werin dlawd,
>    I mi 'dych chi'n ddim ond testun gwawd:
>    'Does neb yn coelio gair o'ch lol
>       Ond y gwirion glaf diglefyd.
>    'Dyw'ch holl wybodaeth ond twyll a ffug,
>       Feddygon hurt a gwirion, etc.

*(Mae'r llwyfan yn newid ac yn dangos ystafell.)*

# Y CLAF DIGLEFYD

*Y Cymeriadau:*

ARGAN, y claf diglefyd.

BÉLINE, ei ail wraig.

ANGÉLIQUE, merch Argan a chariad Cléante.

LOUISON, merch fach Argan a chwaer Angélique.

BÉRALDE, brawd Argan.

CLÉANTE, cariad Angélique.

MONSIEUR DIAFOIRUS, meddyg.

THOMAS DIAFOIRUS, ei fab, a charwr Angélique.

DOCTOR PURGON, meddyg Argan.

MONSIEUR FLEURANT, drygist.

MONSIEUR BONNEFOI, twrnai.

TOINETTE, y forwyn.

Lleolir y gomedi ym Mharis.

# YR ACT GYNTAF

## Golygfa 1

ARGAN: (*ei hun yn ei ystafell, yn eistedd wrth fwrdd, yn gweithio allan filiau drygist gyda thocynnau haearn, gan ddweud wrtho'i hun*):
Tri a dau ydi pump, a phump ydi deg, a deg ydi ugain. Tri a dau ydi pump. "Eto, y pedwerydd o'r mis, enema bach treiddgar, rhagbaratoawl ac esmwythaol, i esmwytho, i wlitho ac i iro ymysgaroedd M. Argan." Un peth sy'n dda gen' i ynghylch M. Fleurant, y drygist, ydi fod ei filiau bob amser yn gwrtais iawn. "Ymysgaroedd M. Argan, deg swllt ar hugain." Ie; ond, Monsieur Fleurant, 'dydi bod yn gwrtais ddim yn bob peth, rhaid bod yn rhesymol hefyd a pheidio â blingo'ch cleifion. *Punt a chweugain* am enema! Gyda phob parch ichi, fel y dwedais i o'r blaen: y tro diwetha' dim ond punt a godsoch-chi arna' i, a phunt, yn iaith drygist, ydi deg swllt; dyna fo, deg swllt. "Eto, yr un diwrnod, enema glanhaol, yn cynnwys asiffeta, tintur riwbob, mêl rhosod ac yn y blaen, yn ôl gorchymyn y doctor, i garthu, golchi a glanhau coluddion isaf M. Argan: deg swllt ar hugain"—Gyda'ch caniatâd, deg swllt.—"Eto, yr un diwrnod, gyda'r nos, dôs o jolop hepatig, cysgiadol, hunddwyn wedi ei gymysgu i wneud i M. Argan gysgu, pymtheg swllt ar hugain." 'Does gen i ddim cwyn am hwnna, fe wnaeth o imi gysgu. Deg, pymtheg, un ar bymtheg a dau ar bymtheg swllt a chwecheiniog. "Eto, ar y

pumed ar hugain o'r mis, ffisig cryf i weithio a chryfhau, yn cynnwys wermod lwyd a senna ac yn y blaen, yn ôl gorchymyn M. Purgon, i garthu a gweithio M. Argan, pedair punt." Ha! Monsieur Fleurant, gwneud hwyl ydych chi, rhaid trin cleifion yn deg. 'Wnaeth M. Purgon ddim gorchymyn ichi godi pedair punt. Newidiwch o'n dair punt, os gwelwch yn dda. Punt, punt a chweugain. "Eto, yr un diwrnod, ffisig esmwythaol a rhwymol, i beri i M. Argan orffwys, deg swllt ar hugain." Iawn—Deg, pymtheg swllt. "Eto, y chweched ar hugain o'r mis, enema carminatif, i godi'r gwynt ar M. Argan, deg swllt ar hugain"— Deg swllt, M. Fleurant. "Eto, enema i M. Argan yr ail waith gyda'r nos, megis uchod, deg swllt ar hugain"—Deg swllt, M. Fleurant. "Eto, y seithfed ar hugain o'r mis, ffisig cryf i weithio M. Argan, a charthu'r amhureddau o'i gorff: tair punt." Ho, rhyw bunt neu bunt a chweugain: rwy'n falch eich bod mor rhesymol! "Eto, yr wythfed ar hugain, dôs o laeth enwyn wedi ei glirio a'i felysu, i dyneru, i bereiddio ac i oeri gwaed M. Argan, punt." Reit, deg swllt. "Eto, diod o gordial cynhaliol, yn cynnwys deuddeg gronyn o fesoar, surop lemon a phomgranad a ffrwythau eraill yn ôl gorchymyn y doctor, pum punt." Ha! Ara' deg, Monsieur Fleurant, os gwelwch yn dda: os ewch chi 'mlaen fel 'na, mi fydd yn rhaid imi beidio â bod yn wael: byddwch fodlon ar bedair punt; ugain a deugain swllt. Tri a dau yn gwneud pump, a phump yn gwneud deg, a deg yn gwneud ugain. Tair punt a thrigain, pedwar swllt, a chwecheiniog. Felly, y mis yma, mi

gymrais i un, dau, tri, pedwar, pump,
chwech, saith, wyth ffisig, ac un, dau, tri,
pedwar, pump, chwech, saith, wyth, naw, deg,
un-ar-ddeg, deuddeg enema; a'r mis o'r blaen,
deuddeg ffisig ac ugain enema. 'Does fawr
ryfedd mod i'n teimlo'n llai 'tebol nag yr
oeddwn i y mis o'r blaen. Mi ddweda' i
hynny wrth Doctor Purgon, iddo gael rhoi
trefn ar bethau. Dowch, cliriwch y pethau 'ma
imi. Neb yma? Waeth be' ddweda' i, mae
nhw'n fy ngadael i ar fy mhen fy hun; 'does
'na ddim modd eu cadw nhw yma. (*Mae'n
canu'r gloch i alw ar ei weision.*) 'Dydyn-nhw
ddim yn clywed, 'dydi 'nghloch i ddim digon
uchel. Ding-a-ling, ding-a-ling, affliw o neb.
Ding-a-ling, ding-a-ling, maen' nhw'n drwm
eu clyw . . . Toinette! ding-a-ling,
ding-a-ling. Fel 'tawn i ddim yn canu o
gwbwl, y gnawes! y sguthan! ding-a-ling,
ding-a-ling, mi wylltia' i toc. (*Yn peidio
canu'r gloch, ac yn gweiddi.*) Ding-a-ling,
ding-a-ling, i gythraul, y jadan! 'Does bosib
eu bod nhw'n gadael dyn gwael druan ar ei
ben ei hun fel hyn: ding-a-ling, ding:
O! dyna bechod! Ding-a-ling, ding. Ha!
nefoedd, mi adawn-nhw imi farw yma.
Ding-a-ling, ding!!

———

## Golygfa 2

TOINETTE: (*yn dod i mewn.*) Dyma fi.
ARGAN: Ha! 'r ast! Ha! 'r gnawes!
TOINETTE: (*yn cymryd arni ei bod wedi cnocio ei phen.*)
'Rargian! Fflamio chi, pam na fedrwch chi
aros? 'Dych chi'n gwneud i rywun frysio

cymaint fel y trewais i 'mhen yn erbyn cornel ffenest.

ARGAN: (*wedi gwylltio.*) Ha! 'r sguthan!
TOINETTE: (*i dorri ar ei draws, a'i atal rhag gweiddi, yn cwyno'n ddibaid gan ochneidio.*) Ah!
ARGAN: Mae 'na ...
TOINETTE: Ah!
ARGAN: Mae 'na awr ... ers pan ...
TOINETTE: Ah!
ARGAN: Mi adewaist ti fi ...
TOINETTE: Ah!
ARGAN: Taw, y jolpan, imi gael cega arnat ti.
TOINETTE: Hy! felly'n wir, ar ôl y gnoc rois-i i mi fy hun.
ARGAN: Mi fu'n rhaid imi floeddio amdanat, yr hulpan!
TOINETTE: A mi wnaethoch chithau imi daro 'mhen: mae'r naill gystal â'r llall. Dyna'r sgôr yn gyfartal, os mynnwch chi.
ARGAN: Be!! Y slebog ...
TOINETTE: Os dwedwch-chi'r drefn, mi wna' i wylo.
ARGAN: Fy ngadael i, y jadan!
TOINETTE: (*i dorri ar ei draws o hyd.*) Ah!
ARGAN: Yr ast! Wyt ti am ...
TOINETTE: Ah!
ARGAN: Beth! 'Cha' i mo'r pleser o ddweud y drefn wrthi hi eto?
TOINETTE: Dwedwch y drefn faint fynnoch chi, 'waeth gen i.
ARGAN: Ond rwyt ti'n f'atal i, y sguthan, wrth dorri ar fy nhraws i bob tro.
TOINETTE: Os cewch chi'r pleser o ddweud y drefn, rhaid i minnau gael y pleser o wylo: pawb at y peth y bo, 'dyw hynny ddim yn ormod i'w ofyn. Ah!
ARGAN: Wel, rhaid dygymod â fo felly. Ewch â'r pethau 'ma, y jolpan, ewch â nhw. (*Yn codi o'i*

*gadair.*) 'Ddarfu'r enema ges i heddiw weithio'n iawn?
TOINETTE: Eich enema chi?
ARGAN: Ie. Ges i 'ngweithio'n iawn?
TOINETTE: Neno'r Tad, 'dydi hynny'n ddim o 'musnes i: gwaith M. Fleurant ydi gwthio'i drwyn i bethau felly, gan mai fo sy'n cael ei dalu.
ARGAN: Gofala fod 'na botes yn barod ar gyfer yr enema arall y bydd yn rhaid imi ei gael toc.
TOINETTE: Mae'r M. Fleurant a'r Doctor Purgon 'na yn cael hwyl iawn ar eich corff chi: rydych chi fel buwch iddyn nhw ei godro, a mi liciwn i ofyn iddyn nhw beth sydd o'i le arnoch chi, bod gofyn cymaint o ffisig arnoch chi.
ARGAN: Tewch, yr hurtan: nid eich lle chi ydi ymyrryd â gorchmynion meddygon. Dwedwch wrth fy merch Angélique am ddod yma, mae gen i rywbeth i'w ddweud wrthi.
TOINETTE: Dyma hi'n dod ei hun: mae hi wedi rhagweld beth oedd yn eich meddwl.

---

## Golygfa 3

ARGAN: Dowch yma, Angélique, mi ddaethoch i'r dim: 'rown-i am siarad gyda chi.
ANGÉLIQUE: Dyma fi'n barod i wrando arnoch chi.
ARGAN: (*yn rhedeg allan.*) Arhoswch. Estynnwch fy ffon imi. Mi ddo' i yn f'ôl toc.
TOINETTE: (*yn chwerthin am ei ben.*) Brysiwch, syr, brysiwch: mae M. Fleurant yn eich gyrru chi at eich busnes!

---

## Golygfa 4

ANGÉLIQUE: (*yn edrych arni â dyhead yn ei golwg, ac yn dweud wrthi'n ffyddiog.*) Toinette!

TOINETTE: Beth?
ANGÉLIQUE: Edrych arna' i am funud.
TOINETTE: Wel! mi rydw' i'n edrych.
ANGÉLIQUE: Toinette!
TOINETTE: Wel, beth, "Toinette"?
ANGÉLIQUE: 'Does gen ti ddim syniad be' sy gen i dan sylw?
TOINETTE: Mae gen i syniad da iawn: ein cariad ifanc ni, achos ers wythnos o'i gylch o y mae ein sgyrsiau ni i gyd yn troi, ac mae'n rhaid fod rhywbeth o'i le arnoch chi pan na fyddwch chi'n sôn amdano bob awr o'r dydd.
ANGÉLIQUE: Gan dy fod ti'n gwybod hyn'na, pam na ddechreui *di* sôn amdano, ac arbed y drafferth imi o droi'r sgwrs ato fo?
TOINETTE: 'Fyddwch chi ddim yn rhoi'r cyfle imi, rydych chi'n talu ffasiwn sylw i'r pwnc fel mae'n anodd achub y blaen arnoch chi.
ANGÉLIQUE: Rhaid cyfaddef, 'allwn i ddim blino ar sôn amdano wrthyt ti, rwy'n falch o bob cyfle i ddangos cyfrinachau fy nghalon iti. Ond dwed, Toinette, wyt ti'n gweld rhywbeth i'w feio yn fy nheimladau i tuag ato?
TOINETTE: Ddim o gwbwl.
ANGÉLIQUE: Ydw i ar fai yn ildio i'r argraff dyner a wnaeth?
TOINETTE: 'Fuaswn i ddim yn dweud hynny.
ANGÉLIQUE: Fynnet-ti imi fod yn ddideimlad wrth yr addefiadau tyner o'r cariad brwd y mae'n ei ddangos tuag ataf?
TOINETTE: Na ato Duw!
ANGÉLIQUE: Dwed wrthyf i, 'dwyt ti ddim, fel finnau, yn gweld rhyw ddylanwad gan y Nef, gan Ffawd, yn y ffordd anhygoel y daethom i adnabod ein gilydd?
TOINETTE: Ydw.

ANGÉLIQUE: 'Dwyt ti ddim yn meddwl ei fod o, wrth ddod i'm hamddiffyn heb f'adnabod, wedi ymddwyn fel boneddwr perffaith?

TOINETTE: Ydw.

ANGÉLIQUE: Allai neb ymddwyn yn fwy bonheddig, na allai?

TOINETTE: Cytuno.

ANGÉLIQUE: Fe wnaeth y cwbwl oll gyda'r cwrteisi mwya' swynol, on'd do?

TOINETTE: O! Do.

ANGÉLIQUE: 'Dwyt ti ddim yn meddwl, Toinette, fod corff lluniaidd ganddo fo?

TOINETTE: Yn sicr.

ANGÉLIQUE: Fod ganddo fo'r osgo gorau'n y byd?

TOINETTE: Heb amheuaeth.

ANGÉLIQUE: Fod 'na rywbeth urddasol yn ei eiriau, yn ogystal â'i weithredoedd?

TOINETTE: Mae hynny'n sicr.

ANGÉLIQUE: Nad oes modd clywed dim mwy angerddol na'r hyn y mae o'n ei ddweud wrthyf fi?

TOINETTE: Nac oes, yn wir.

ANGÉLIQUE: Ac nad oes 'na ddim sy'n fwy poenus na'r caethiwed 'ma yr ydw i ynddo, sy'n gwahardd pob cyfathrach i arwyddion tyner ein cariad angerddol a blanwyd ynom gan y Nef?

TOINETTE: Rydych chi'n iawn.

ANGÉLIQUE: Ond, Toinette fach, wyt ti'n coelio ei fod o yn fy ngharu i gymaint ag y mae o'n ei ddweud?

TOINETTE: Hm, hm! Mae'r pethau 'na braidd yn amheus weithiau. Mae stumiau cariad yn debyg iawn i'r gwirionedd, ac mi welais i actorion penigamp yn chwarae rhan cariad.

ANGÉLIQUE: Ah! Toinette, be' ddwedaist ti! Gwae fi! Druan ohonof fi! Yn ôl ei ffordd o siarad, oes dichon nad ydi o'n dweud y gwir wrthyf fi?

TOINETTE: Sut bynnag, mi gewch eglurhad yn fuan; ac mae'r penderfyniad a wnaeth i ofyn am eich llaw mewn priodas, yn ôl ei lythyr ddoe, yn ffordd ddihafal o'ch sicrhau a ydi o'n dweud y gwir ai peidio.
ANGÉLIQUE: Ah! Toinette, os ydi o'n fy nhwyllo i, wna' i byth goelio gair unrhyw ddyn eto.
TOINETTE: Dyma'ch tad yn dod yn ôl.

---

## Golygfa 5

ARGAN: (*yn eistedd yn ei gadair.*) Rŵan, fy merch i, mae gen i newydd iti sy'n annisgwyl efallai. Mae rhywun yn gofyn am dy briodi. Beth sy'n bod? Wyt ti'n gwenu? Ydi, mae'r gair "priodi" yn ddoniol. 'Does 'na ddim byd sy'n fwy digrif i ferched. A! natur, natur! Hyd y gwela' i, fy merch, waeth imi heb â thrafferthu gofyn iti wyt ti am briodi.
ANGÉLIQUE: Rhaid imi, 'nhad, wneud popeth y dewiswch ei orchymyn imi.
ARGAN: Rwy'n falch iawn fod gen i ferch mor ufudd: dyna setlo'r mater, mi rydw i wedi d'addo di.
ANGÉLIQUE: Fy lle i, fy nhad, yw ufuddhau yn ddall i'ch holl ddymuniadau.
ARGAN: Roedd fy ngwraig, dy fam wen, yn teimlo y dylwn i d'yrru di i'r cwfaint i fod yn lleian, a dy chwaer fach Louison hefyd; dyna'r syniad fu ganddi hi erioed.
TOINETTE: (*yn isel.*) Mae gan y greadures ei rhesymau.
ARGAN: 'Doedd hi ddim am ganiatáu'r briodas: ond fi enillodd y ddadl, ac mi roddais fy ngair bellach.
ANGÉLIQUE: Ah! 'nhad, mor ddyledus ydw i ichi am eich holl garedigrwydd!

TOINETTE: Yn wir, rwy'n ddiolchgar ichi am hyn, a dyna'r peth calla' wnaethoch chi yn eich bywyd.
ARGAN: 'Welais i mo'r llanc eto; ond mi ddwedwyd wrthyf fi y buaswn yn fodlon arno, a thithau hefyd.
ANGÉLIQUE: Wel, wrth gwrs, 'nhad.
ARGAN: Sut hynny? Wyt ti wedi ei weld o?
ANGÉLIQUE: Gan fod eich caniatâd yn rhoi'r hawl imi ddatgelu cyfrinach fy nghalon ichi, wna' i ddim petruso dweud wrthych ein bod ni wedi cwrdd â'n gilydd drwy ffawd, bron wythnos yn ôl; mae'r cais a gawsoch am fy llaw yn dilyn hoffter tuag at ein gilydd a deimlasom o'r olwg gynta' un.
ARGAN: 'Ddwedson nhw mo hynny wrthyf fi, ond rwy'n falch iawn a gorau'n byd mai felly y mae hi. Mae nhw'n dweud ei fod o'n llanc tal a golygus.
ANGÉLIQUE: Ydi, nhad.
ARGAN: A chorff lluniaidd ganddo.
ANGÉLIQUE: Heb amheuaeth.
ARGAN: Yn glên a dymunol.
ANGÉLIQUE: Ie'n wir.
ARGAN: Ac yn olygus.
ANGÉLIQUE: Yn olygus iawn.
ARGAN: Yn gall ac o deulu da.
ANGÉLIQUE: Yn hollol.
ARGAN: Llanc bonheddig iawn.
ANGÉLIQUE: Y mwya' bonheddig yn y byd.
ARGAN: Sy'n siarad Lladin a Groeg yn iawn.
ANGÉLIQUE: Dyna newydd i mi!
ARGAN: Sy'n cael ei dderbyn yn feddyg ym mhen tridiau.
ANGÉLIQUE: Pwy, fo, 'nhad?
ARGAN: Ie, fo. Ddwedodd o ddim wrthyt ti?

ANGÉLIQUE: Naddo, wir. A phwy ddywedodd wrthych *chi*?
ARGAN: Doctor Purgon.
ANGÉLIQUE: Ydi Doctor Purgon yn ei 'nabod o?
ARGAN: Cwestiwn call! Siŵr Dduw ei fod o'n ei 'nabod o, ac yntau'n nai iddo fo.
ANGÉLIQUE: Pwy, Cléante yn nai i Doctor Purgon?
ARGAN: Pa Cléante? Sôn yr ydym ni am y llanc y mae 'na ofyn iti ei briodi o.
ANGÉLIQUE: Wel, ie.
ARGAN: Wel! nai Doctor Purgon ydi o, mab ei frawd-yng-nghyfraith, y meddyg Doctor Diafoirus; ac enw'r mab ydi Thomas Diafoirus, nid Cléante: ac mi rydym ni wedi cytuno i'r briodas y bore 'ma, Doctor Purgon, M. Fleurant a minnau, a 'fory mae'r darpar fab-yng-nghyfraith yn dod yma efo'i dad. Beth sydd? Rwyt ti'n edrych yn syn iawn.
ANGÉLIQUE: Gweld yr ydw i, nhad, eich bod chi yn sôn am un dyn, a minnau'n meddwl am un arall.
TOINETTE: Beth! syr, 'dydych chi erioed wedi gwneud peth mor hurt? A chwithau mor gefnog, 'dydych chi ddim am i'ch merch briodi doctor?
ARGAN: Ydw. Pa fusnes ydi o i ti, yr hulpan ddigywilydd iti?
TOINETTE: Neno'r Tad, ara' deg. Dyna chi'n blagardio'n syth. Fedrwn ni ddim siarad yn rhesymol heb fynd dros ben llestri? Rŵan, gadewch inni siarad yn bwyllog. Be' ydi'ch rheswm chi, os gwelwch yn dda, dros y fath briodas?
ARGAN: Fy rheswm i ydi, wrth weld fy hun yn wael ac yn fusgrell fel yr ydw i, 'mod i am gael mab-yng-nghyfraith a pherthnasau sy'n ddoctoriaid, er mwyn imi gael cymorth da wrth gefn yn erbyn fy ngwaeledd, i gael yn fy nheulu rhywun i roi imi'r ffisig sydd arna' i

ei eisiau, imi gael manteisio'n llawn ar gyngor a gorchymyn doctor.

TOINETTE: Wel, dyna siarad yn rhesymol, mae hi'n bleser ein bod ni'n ateb ein gilydd yn fwyn fel hyn. Ond dwedwch y gwir, syr, ar eich llw rŵan, ydych chi'n sâl go-iawn?

ARGAN: Be', 'r gnawes, ydw i'n sâl? Ydw i'n sâl, wir, y jadan ddigywilydd!

TOINETTE: Reit, iawn, syr, mi'r *ydych* chi'n sâl: gadewch inni beidio â ffraeo ynghylch y peth. Ydych, mi'r ydych chi'n sâl iawn; rydw i o'r un farn, ac yn salach nag yr ydych chi'n ei feddwl: dyna ben arni. Ond rhaid i'ch merch briodi gŵr wnaiff y tro iddi *hi*, a chan nad ydi hi ddim yn sâl, 'does dim rhaid rhoi doctor iddi *hi*.

ARGAN: Er fy mwyn i fy hun yr ydw i'n rhoi'r doctor 'ma iddi hi; ac fe ddylai merch o'r fath fod wrth ei bodd yn priodi'r hyn sy'n iechyd i'w thad.

TOINETTE: Rargian! syr, gymerwch chi air o gyngor gen i fel cyfaill ichi?

ARGAN: Be' ydi o, y cyngor 'ma?

TOINETTE: Rhoi'r gorau i feddwl am y briodas 'ma.

ARGAN: Am ba reswm?

TOINETTE: Am y rheswm y bydd eich merch yn gwrthod.

ARGAN: Mi fydd hi'n gwrthod?

TOINETTE: Bydd.

ARGAN: Fy merch i?

TOINETTE: Eich merch chi. Mi ddwedith wrthych chi na wnaiff hi ddim byd â Doctor Diafoirus, na'i fab Thomas Diafoirus, na holl Diafoirusiaid y byd.

ARGAN: Mae gen *i* eu hangen nhw, ar wahân i'r ffaith fod y briodas yn fwy manteisiol nag y mae rhywun yn ei feddwl: 'does gan

Dr. Diafoirus ond yr un mab yna fel etifedd; ar ben hynny, mae Dr. Purgon, gan nad oes ganddo fo wraig na phlant, yn fodlon rhoi ei holl eiddo iddo fo os priodith o; ac mae Dr. Purgon yn ennill wyth mil go dda y flwyddyn.

TOINETTE: Rhaid ei fod o wedi lladd dipyn go lew o bobol i fod mor gefnog.

ARGAN: Mae wyth mil yn swm sylweddol, heb gyfri eiddo'r tad.

TOINETTE: Syr, mi'r ydych chi'n llygad eich lle: ond eto i hyn y mae hi'n dod; rhyngoch chi a minnau, rydw i'n eich cynghori chi i ddewis gŵr arall iddi, 'fuasai hi ddim yn gwneud gwraig i Dr. Diafoirus.

ARGAN: Ac mi rydw *i* yn mynnu mai felly y bydd hi.

TOINETTE: Pw! Peidiwch â dweud y fath beth, da chi.

ARGAN: Sut! imi beidio â dweud y fath beth?

TOINETTE: Ah, na, peidiwch, da chi.

ARGAN: A pham na ddweda' i'r fath beth?

TOINETTE: Mi ddwedan' nhw eich bod chi'n siarad yn ddifeddwl.

ARGAN: Gân' nhw ddweud be' fynnan' nhw, ond 'dwi'n dweud wrthych chi 'mod i'n benderfynol am iddi gadw'r addewid a wnes i.

TOINETTE: Na, 'dwi'n siŵr na wnaiff hi ddim.

ARGAN: Mi'i gorfoda' i hi.

TOINETTE: 'Wnaiff hi ddim, meddaf fi wrthych chi.

ARGAN: Mi wnaiff, ne' mi'i rho' i hi mewn cwfaint.

TOINETTE: Chi?

ARGAN: Fi.

TOINETTE: Twt!

ARGAN: Be' wyt ti'n ei feddwl, twt?

TOINETTE: 'Rowch chi mohoni mewn cwfaint.

ARGAN: 'Ro' i mohoni mewn cwfaint?

TOINETTE: Na.
ARGAN: Na?
TOINETTE: Na.
ARGAN: Wel, ar f'enaid i! Dyma beth doniol! 'Cha' i ddim rhoi fy merch mewn cwfaint os mynna' i?
TOINETTE: Na chewch, meddaf fi wrthych chi.
ARGAN: A phwy sy'n mynd i f'atal i?
TOINETTE: Chi eich hun.
ARGAN: Y fi!?
TOINETTE: Ie, chi. 'Fyddwch chi ddim digon caled i'w wneud o.
ARGAN: Bydda'!
TOINETTE: Herian yr ydych chi.
ARGAN: 'Dydw i ddim yn herian!
TOINETTE: Mi fydd teimladau tad yn drech na chi.
ARGAN: Na fyddan' ddim.
TOINETTE: Ambell ddeigryn neu ddau, hithau'n taflu ei breichiau am eich gwddw, ac yn dweud "Dadi bach annwyl" yn dyner, mi fydd hyn'na'n ddigon i gyffwrdd eich calon chi.
ARGAN: 'Wnaiff o ddim byd o'r fath.
TOINETTE: Gwnaiff, fe wnaiff.
ARGAN: 'Wna' i ddim newid fy meddwl, yn siŵr i ti.
TOINETTE: Lol botes maip.
ARGAN: 'Ddylech chi ddim dweud: Lol botes maip!
TOINETTE: Nefi, rydw i'n eich 'nabod chi, rydych chi'n ffeind wrth natur.
ARGAN: (*yn gwylltio.*) 'Dydw i ddim yn ffeind, rydw i'n medru bod yn gas pan fynna' i.
TOINETTE: Ara' deg, syr, 'dych chi ddim yn cofio eich bod chi'n wael.
ARGAN: Rwy'n rhoi gorchymyn pendant iddi baratoi i dderbyn y gŵr rydw i'n ei ddewis iddi.
TOINETTE: Ac mi'r ydw innau'n ei gwahardd hi rhag gwneud dim o'r fath.

ARGAN: Be' ydi ystyr peth fel hyn? Sut mae hi'n bod fod jolpan o forwyn mor ddigywilydd â siarad fel hyn yng ngŵydd ei meistr?

TOINETTE: Pan fydd meistr yn gwneud rhywbeth heb feddwl, mae gan forwyn gall yr hawl i ddweud y drefn wrtho.

ARGAN: (*yn rhedeg ar ôl Toinette.*) Ha! 'r sguthan ddigywilydd, mi dy golbia' di!

TOINETTE: (*yn rhedeg oddi wrtho.*) Fy nyletswydd i ydi gwrthwynebu pethau a allai roi enw drwg ichi.

ARGAN: (*yn wyllt ei dymer, yn rhedeg ar ei hôl o amgylch ei gadair, a'i ffon yn ei law.*) Tyrd yma, tyrd yma, imi gael dysgu iti sut mae siarad.

TOINETTE: (*yn rhedeg ac yn ei osgoi trwy redeg yr ochr arall i'r gadair.*) Rydw i'n gofalu, fel y dylwn, i beidio â gadael ichi wneud dim byd gwirion.

ARGAN: Y sguthan!

TOINETTE: Na, 'wna' i fyth roi fy nghaniatâd i'r briodas yma.

ARGAN: Y jadan!

TOINETTE: 'Fynna' i ddim iddi briodi eich Thomas Diafoirus chi.

ARGAN: Yr hulpan!

TOINETTE: Ac arna' *i*, yn hytrach na chi, y gwnaiff hi wrando.

ARGAN: Angélique, wnei di ddim dal y gnawes 'na i mi?

ANGÉLIQUE: A! nhad, peidiwch â gwneud eich hun yn wael.

ARGAN: Os na wnei di ei dal hi imi, yna mi ro' i fy melltith arnat ti.

TOINETTE: Ac mi wna' innau ei thorri allan o'm hewyllys os gwnaiff hi ufuddhau i chi.

ARGAN: (*yn syrthio i'w gadair, wedi blino rhedeg ar ei hôl.*) Aah! Aah! Rydw i wedi ymlâdd! Dyna ddigon i'm lladd i.

---

## Golygfa 6

(*Daw Béline i mewn.*)

ARGAN: Ah! Béline, 'ngwraig i, tyrd ata' i.
BÉLINE: Be' sy arnat ti, 'ngŵr bach i?
ARGAN: Tyrd yma i'm helpu i.
BÉLINE: Be' sydd o'i le, 'ngwas i?
ARGAN: Ah! cariad!
BÉLINE: Ah! cariad!
ARGAN: Mae nhw wedi bod yn fy ngwylltio fi.
BÉLINE: Ah! bechod! 'ngŵr bach druan i! Sut hynny, del?
ARGAN: Mae'r sguthan Toinette 'na yn fwy digywilydd nag erioed.
BÉLINE: O! paid â mynd o dy go', ynteu.
ARGAN: Mi wnaeth hi *ngyrru* fi o'm co', 'mlodyn i.
BÉLINE: Gan bwyll, 'ngwas i.
ARGAN: Ers awr gyfa' mi fu hi'n ceisio rhwystro pob peth yr ydw i am ei wneud.
BÉLINE: Dyna fo, dyna fo, paid â chynhyrfu.
ARGAN: A mi fu hi mor haerllug â dweud wrthyf i nad oeddwn i ddim yn wael.
BÉLINE: Un ddigywilydd ydi hi.
ARGAN: Mi wyddost sut mae hi arna' i, 'mlodyn i.
BÉLINE: Gwn, 'mlodyn i, mae hi'n g'lwyddog.
ARGAN: Mi fydda' i farw o achos y sguthan 'na, cariad.
BÉLINE: Ah, dyna fo! Ah, dyna fo!
ARGAN: Hi ydi achos yr holl beil sy arna' i.
BÉLINE: Paid â gwylltio gymaint.

ARGAN: A 'dwn i ddim ers faint y bûm i'n dweud wrthyt ti am ei hel hi o 'ma imi.

BÉLINE: Nefoedd, cariad, gwas heb ei fai, gwas heb ei eni. Rhaid i rywun ddiodde' eu beiau nhw weithiau er mwyn eu rhinweddau nhw. Mae hon yn un dda ei llaw, yn ofalus, yn weithgar ac yn ffyddlon yn anad dim; a mi wyddost fod yn rhaid bod yn ofalus iawn rŵan efo'r gweision y mae rhywun yn eu cyflogi. Hei! Toinette!

TOINETTE: Ie, Madam.

BÉLINE: Be' 'di'r achos eich bod chi'n gwylltio 'ngŵr i?

TOINETTE: (*yn siwgraidd.*) Fi, madam? Duw a'm helpo, 'dwn i ddim be sy gynnoch chi dan sylw, a fydda' i byth yn meddwl gwneud dim ond plesio'r meistr ym mhob ffordd.

ARGAN: Ah! 'r jadan g'lwyddog!

TOINETTE: Mi ddwedodd wrthym ni ei fod o am roi ei ferch yn briod i fab Doctor Diafoirus; dyma fi'n ei ateb o ac yn dweud 'mod i'n meddwl y byddai'r briodas yn un fanteisiol iddi, ond 'mod i'n meddwl ar yr un pryd y byddai'n well ei rhoi hi mewn cwfaint.

BÉLINE: 'Does 'na fawr o'i le ar hyn'na, a mae hi'n iawn, yn fy marn i.

ARGAN: Ah! cariad, wyt ti'n ei choelio hi! 'Sguthan g'lwyddog ydi hi, mi ddwedodd hi gant a mil o bethau digywilydd wrthyf fi.

BÉLINE: O! wel, mi goelia'i di, cariad. Dyna ti, bydd yn dawel. Gwranda, Toinette: os gwyllti di 'ngŵr i byth, allan â thi. Tyrd, tyrd â'i gôt ffŷr o a thipyn o glustogau imi, imi gael ei wneud o'n gyffordus yn ei gadair.
(*Wrth Argan.*) Mi rwyt ti bob sut. Tynn dy gap i lawr dros dy glustiau: dyna'r ffordd

|   |   |
|---|---|
| | orau i gael annwyd, ydi cael gwynt trwy'r clustiau. |
| ARGAN: | Ah! cariad, mor ddiolchgar ydw i iti am yr holl ofal yr wyt ti'n ei gymryd drosta i! |
| BÉLINE: | (*yn trefnu'r clustogau o gwmpas Argan.*) Côd, imi roi hwn odanat ti. Mi rown ni hwn i dy gynnal di yr ochr yma, a hwn 'na'r ochor arall. Mi rown ni hwn y tu cefn iti, a'r llall i gynnal dy ben di. |
| TOINETTE: | (*yn ei daro ar ei ben a chlustog.*) A hwn i'ch cadw chi rhag y gwlith. |
| ARGAN: | (*yn codi'n wyllt a thaflu'r clustogau i gyd at Toinette.*) Ah! 'r slebog, wyt ti am fy mygu i? |
| BÉLINE: | Hei! Dyna fo, dyna fo! Be sy, be sy? |
| ARGAN: | (*â'i wynt yn ei ddwrn, yn syrthio i'w gadair.*) Aa! Aa! Aa! 'Fedra' i ddim mwy! |
| BÉLINE: | Pam rwyt ti'n gwylltio fel hyn? Roedd hi'n meddwl ei bod hi'n gwneud yn iawn. |
| ARGAN: | Cariad, wyddost ti ddim am ddrygioni'r jadan. Aa! mae hi wedi fy nrysu fi'n lân, mi fydd yn rhaid wrth fwy nag wyth ffisig ac ugain enema imi wella ar ôl hyn. |
| BÉLINE: | Dyna fo, cariad bach, paid â chymryd atat. |
| ARGAN: | Ti ydi fy holl gysur i, cariad. |
| BÉLINE: | Druan bach! |
| ARGAN: | Er mwyn trïo cydnabod dy gariad ti tuag ata' i, 'mlodyn i, rydw i'n bwriadu, fel y dwedais i wrthyt ti, gwneud f'ewyllys. |
| BÉLINE: | Ah! cariad, taw sôn amdani, da ti: 'allwn i ddim diodde'r syniad, ac mae'r gair "ewyllys" ei hun yn peri imi grynu o loes. |
| ARGAN: | Ond rown i wedi dweud wrthyt ti am sôn am hyn'na wrth dy dwrnai. |
| BÉLINE: | Dacw fo yn y stafell nesa, mi ddois i â fo efo fi. |
| ARGAN: | Dwed wrtho am ddod i mewn ynteu, cariad. |

BÉLINE: Och! cariad, pan fo rhywun yn caru ei gŵr, prin bod neb mewn cyflwr i feddwl am y fath beth.

---

## Golygfa 7

(*Daw M. Bonnefoi i mewn.*)

ARGAN: Dowch yma, Mr. Bonnefoi, dowch yma. Eisteddwch i lawr, os gwelwch yn dda. Mi ddwedodd fy ngwraig wrthyf i, syr, eich bod chi'n ŵr bonheddig iawn, ac yn un o'i ffrindiau mynwesol: a mi ddwedais i wrthi am sôn wrthych am ewyllys yr ydw i am ei gwneud.

BÉLINE: Och fi! Alla' i ddim sôn am y fath bethau.

M. BONNEFOI: Mae eich gwraig, syr, wedi egluro eich bwriad a'ch cynllun ar ei chyfer: ac mae'n rhaid imi ddweud ar y mater yma, na allwch chi roi dim i'ch gwraig drwy eich ewyllys.

ARGAN: Ond paham?

M. BONNEFOI: Mae'r Gyfraith yn ei wahardd. Petaech yn byw mewn ardal cyfraith sgrifenedig, mi fuasai'r peth yn bosib: ond ym Mharis ac yn ardaloedd y gyfraith wladol gan mwyaf, mae'r peth yn amhosib, a 'fuasai'r rhodd yn yr ewyllys yn dda i ddim. Yr unig gymwynas y gall gŵr a gwraig yn rhwymau priodas ei gwneud i'w gilydd, ydi rhoi i'w gilydd tra bon' nhw'n fyw; a hyd yn oed wedyn rhaid 'na *beidio* bod 'na unrhyw blant, un ai'n blant i'r ddau, neu'n blant i unrhyw un ohonyn nhw, adeg marwolaeth y cyntaf o'r ddau i farw.

ARGAN: Dyna Gyfraith haerllug iawn, na all gŵr adael dim i wraig sy'n ei garu'n dyner, ac sy'n ofalus ohono! Mae arna' i awydd mynd i gael cyngor gan dwrnai i weld sut y gallwn i fynd o'i chwmpas hi.

M. BONNEFOI: Nid at dwrneiod y dylech fynd, achos fel arfer maen' nhw'n llym iawn yn hyn o beth ac o'r farn mai trosedd mawr ydi defnyddio'r gyfraith er mwyn twyll. Pobl yn hoff o greu anawsterau ydyn nhw, a heb wybod dim am dwyll cydwybod. Mae 'na bobl eraill y dylech ymgynghori â nhw, sy'n llawer iawn haws gwneud â nhw, a chanddyn nhw ystrywiau i osgoi'r gyfraith yn ddistaw bach a chyfiawnhau yr hyn na chaniatéir, sy'n gwybod sut i lyfnu anawsterau mater a dod o hyd i'r modd i osgoi'r Gyfraith trwy ryw gymunrodd anuniongyrchol. Heb hyn'na, ble fydden ni bob dydd? Rhaid wrth ystwythder mewn pethau: neu fel arall 'fyddem ni'n gwneud dim, a 'rown i ddim dimai am ein galwedigaeth.

ARGAN: Mi ddaru 'ngwraig ddweud, syr, eich bod chi'n ŵr bonheddig iawn ac yn alluog iawn. Sut galla' i fynd o'i chwmpas hi, os gwelwch yn dda, fel y galla' i roi f'eiddo iddi hi a rhwystro fy mhlant rhag ei gael o?

M. BONNEFOI: Sut y gallwch chi fynd o'i chwmpas hi? Mi allwch ddewis yn ddistaw bach, rhyw gyfaill mynwesol i'ch gwraig, a rhoi'r cwbl y gallwch iddo yn ffurfiol drwy eich ewyllys; ac wedyn fe rydd y cyfaill hwn y cwbwl iddi. Neu fe allech gymryd arnoch fynd i nifer mawr o ddyledion diamheuol i wahanol rai, a fydd yn rhoi benthyg eu henwau i'ch gwraig, ac yn cyflwyno iddi eu datganiad mai er mwyn gwneud cymwynas â hi y gwnaethant y cwbwl. Mi allwch hefyd, tra'n

|            | fyw, roi arian parod iddi, neu sieciau taladwy i'r cludwr. |
|---|---|
| BÉLINE: | Nefoedd! 'Does dim rhaid iti foedro dy ben a hyn'na i gyd. Os ca' i 'ngadael hebot ti, 'mach i, 'wna'i ddim aros yn y byd 'ma. |
| ARGAN: | Cariad! |
| BÉLINE: | Ie, cariad, petawn i mor anlwcus â dy golli di . . . |
| ARGAN: | Fy ngwraig annwyl! |
| BÉLINE: | . . . fydd bywyd yn ddim imi. |
| ARGAN: | Anwylyd! |
| BÉLINE: | A mi ddilyna' i di, i ddangos iti fy nghariad tuag atat. |
| ARGAN: | Cariad, rwyt ti'n torri 'nghalon i. Cymer gysur, da ti. |
| M. BONNEFOI: | 'Does dim achos wylo dagrau rŵan, 'dydi pethau ddim wedi mynd mor bell â hynny. |
| BÉLINE: | Ah! syr, 'wyddoch chi ddim sut beth ydi caru gŵr yn dyner. |
| ARGAN: | Yr unig beth fydd yn edifar gen i, os bydda' i farw, cariad, fydd bod heb gael plentyn gen ti. Roedd Doctor Purgon wedi dweud wrthyf i y gwnai o imi gael un. |
| M. BONNEFOI: | Mi all hynny ddigwydd o hyd. |
| ARGAN: | Rhaid gwneud f'ewyllys, cariad, fel mae'r gŵr bonheddig 'ma'n dweud: ond cyn hynny rydw i am roi iti ugain mil o bunnau mewn sofrenni sy gen i tu ôl i'r palis yn fy stydi, a dau *I.O.U.* taladwy i'r cludwr sy'n ddyledus imi un gan M. Damon a'r llall gan M. Gerante. |
| BÉLINE: | Na, na, 'does arna' i ddim eisio dim ohono. Ah! Faint ddwedaist ti sy gen ti yn dy stydi? |
| ARGAN: | Ugain mil, del. |
| BÉLINE: | Paid â sôn gair wrthyf i am eiddo, da ti. Ah! Am faint mae'r ddau *I.O.U.*? |

ARGAN: Mae un, cariad, am bedair mil, a'r llall am chwe mil.

BÉLINE: 'Dydi holl eiddo'r byd, cariad, yn ddim imi o'u cymharu â thi.

M. BONNEFOI: Ydych chi am inni symud ymlaen at yr ewyllys?

ARGAN: Ydw, syr, ond mi fyddan ni'n fwy cyfforddus yn fy stydi. (*Wrth Béline.*) Rho dy fraich imi, cariad, os gwnei di.

BÉLINE: Tyrd, 'mach annwyl i.

(*Exeunt Béline ac Argan.*)

---

## Golygfa 8

TOINETTE: Dacw nhw efo'r twrnai, a mi glywais i sôn am ewyllys. Un effro iawn ydy'ch mam wen, a mwy na thebyg ei bod hi'n gwthio eich tad i ryw gynllwyn yn eich erbyn.

ANGÉLIQUE: Caiff wneud fel y mynn â'i eiddo, ond iddo beidio â gwneud dim â 'nghalon i. Toinette, rwyt ti'n gweld y cynllwyniau ysgeler sydd ar droed yn f'erbyn i. Paid â 'ngadael i'n ddiymgeledd, rwy'n erfyn arnat ti, yn y peryg enbyd 'ma.

TOINETTE: Fi, eich gadael chi? Mi fyddai'n well gen i farw. 'Waeth i'ch mam wen heb ag ymddiried ynof i a thrïo 'nghael i i ochri efo hi, 'wnes i erioed hitio fawr amdani, ac ar eich ochor chi y bûm i erioed. Gadewch bopeth i mi, mi ro' i bob tric ar waith i'ch helpu; ond i'ch helpu'n fwy effeithiol, rydw i am newid cynllun, cuddio fy sêl drosoch, a chogio cytuno â syniadau eich tad a'ch mam wen.

ANGÉLIQUE: Gwna dy orau, da ti, i roi neges i Cléante am y briodas a drefnwyd.

TOINETTE: 'Does gen i neb i fynd â neges ond yr hen fenthyciwr arian, fy nghariad Polichinelle, ac fe gyst hynny ychydig o fwythau imi, er eich mwyn chi. Mae hi'n rhy hwyr heddiw: ond mi yrra' i amdano fo ben bore 'fory, a mi fydd wrth ei fodd.

BÉLINE: (*oddi ar y llwyfan.*) Toinette!

TOINETTE: Dyna rywun yn galw arna' i. Nos dawch. Mi allwch ddibynnu arna' i.
(*Mae'r llwyfan yn newid ac yn dangos stryd mewn tref.*)

## Yr Anterliwt Gyntaf

(*Daw Polichinelle yn y tywyllwch i ganu hwyrgan i'w gariad. I ddechrau mae'r chwaraewyr feiolin yn torri ar ei draws, ac yntau'n gwylltio â nhw, ac yna torrir ar ei draws gan y gwylwyr, yn gerddorion a dawnswyr.*)

POLICHINELLE: O gariad, cariad, cariad! Polichinelle druan, pa syniad gebyst gymeraist ti yn dy ben? Beth ar y ddaear wyt ti'n ei wneud, y ffŵl druan iti? Rwyt ti'n esgeuluso dy waith, ac yn gadael i dy fusnes fynd i'r gwellt. 'Dwyt ti ddim yn bwyta mwyach, 'dwyt ti ddim yn yfed bron mwyach, rwyt ti'n methu cysgu gyda'r nos, a hyn oll er mwyn pwy? Er mwyn sguthan o wraig, sguthan, cythreules sy'n d'wrthod di ac yn hidio dim am unrhyw beth a ddywedi di wrthi. Ond 'thâl rhesymu ddim: dyna rwyt ti'n ei fynnu, serch: rhaid bod yn wallgo fel sawl un arall. 'Dydi'r peth ddim yn gweddu i ddyn yn f'oed i: ond be wna' i? 'Dydi dyn ddim yn ddoeth pan fynn, ac mae meddwl hen ŵr yn drysu fel meddwl dyn ifanc.

Rwy'n dod i weld fedra i ddim dofi tipyn ar
fy nheigres gyda hwyrgan. Weithiau 'does
dim sy mor wefreiddiol â chariad sy'n dod i
ganu ei gŵynion wrth golynnau a bolltiau
drws ei feistres. Dyma offeryn i gyfeilio imi.
O nos, o nos annwyl, dwg fy nghwynion
cariadus hyd at wely'r ferch ddi-ildio.
(*Yn canu'r geiriau hyn.*)
Ddydd a nos yr wy'n d'addoli,
O dywed "ie" i'm sirioli;
Ond os "na" fydd d'ateb garw,
Yna, gariad, mi fydda' i farw.

Tra'n gobeithio am well
Mae'r galon yn tristáu
A phan fo cariad ymhell
Mor ara' yr â'r oriau.
O freuddwydio melys,
Sy'n dangos imi'n glir,
Daw pen ar aros poenus,
Daw terfyn cyn bo hir,
Wrth dy garu mor arw,
Rwy'n poeni a marw'n wir.
Ddydd a nos, etc.

Onid wyt ti'n huno,
Yna cofia, da ti,
Mae 'nghalon yn brifo,
O glwyfau di-ri'.
Ac os marw a wna' i
Oll o'th achos di,
Yna cymer di'r bai
Bydd yn gysur i mi.
Wrth iti alaru,
Mi fyddi'n lliniaru
Fy mhoenau i.

Ddydd a nos, etc.
(*Daw hen wraig i'r ffenestr, ac ateb Polichinelle gan ei wawdio.*)
Gariadon, sy'n wastad mor ffals eich gwenau,
A'ch ffug ochneidiau
A'ch c'lwyddog eiriau
Yn llond eich cegau,
Sy'n tyngu bod mor driw,
Choelia i ddim yn fy myw.
Gwn ers tro nad ych chi'n ffyddlon,
Gwn ers tro nad ych chi'n gyson.
Os oes geneth all eich coelio
Rhaid ei bod yn gwbwl wallgo!

Waeth heb â dihoeni:
Nid yw yn fy mhoeni!
Waeth heb ag ochneidio
Nid wyf fi yn hidio,
    Credwch chi fi!
Druan ohonot ti a'th gŵyn,
Mae 'nghalon i yn rhydd o'th swyn
    Testun hwyl wyt ti i mi.
Gwn ers tro, etc.
(*Sŵn feiolinau.*)

POLICHINELLE: Pa fiwsig digywilydd sy'n torri ar draws fy nghân?
(*Sŵn feiolinau.*)

POLICHINELLE: Tawelwch! peidiwch, feiolinau. Gadewch lonydd imi gŵyno am greulondeb fy meistres ddi-ildio.
(*Sŵn feiolinau.*)

POLICHINELLE: Tewch, da chi! Fi sy'n canu.
(*Sŵn feiolinau.*)

POLICHINELLE: Tawelwch!
(*Sŵn feiolinau.*)

POLICHINELLE: O! 'rargian!
(*Sŵn feiolinau.*)
POLICHINELLE: O! 'rargol!
(*Sŵn feiolinau.*)
POLICHINELLE: Ai hwyl ydi hyn?
(*Sŵn feiolinau.*)
POLICHINELLE: O! Am dwrw!
(*Sŵn feiolinau.*)
POLICHINELLE: I gythraul â chi!
(*Sŵn feiolinau.*)
POLICHINELLE: Rwy'n gwylltio!
(*Sŵn feiolinau.*)
POLICHINELLE: Wnewch chi ddim tewi? A! Diolch i Dduw!
(*Sŵn feiolinau.*)
POLICHINELLE: Eto?
(*Sŵn feiolinau.*)
POLICHINELLE: Melltith ar bob feiolin!
(*Sŵn feiolinau.*)
POLICHINELLE: Dyna fiwsig gwirion!
(*Sŵn feiolinau.*)
POLICHINELLE: (*yn canu i ddynwared y miwsig.*) La, la, la, la, la, la.
(*Sŵn feiolinau.*)
POLICHINELLE: La, la, la, la, la, la.
(*Sŵn feiolinau.*)
POLICHINELLE: La, la, la, la, la, la.
(*Sŵn feiolinau.*)
POLICHINELLE: La, la, la, la, la, la.
(*Sŵn feiolinau.*)
POLICHINELLE: La, la, la, la, la, la.
(*Sŵn feiolinau.*)
POLICHINELLE: (*gyda liwt, y mae'n cogio ei chwarae â'i wefusau a'i dafod, gan ddweud, pling, tang, plang, etc.*)
Ar fy llw, mae hyn yn ddifyr. Daliwch ati, â'ch feiolinau, mi fydd yn dda gen i. Dowch, ewch ymlaen, os gwelwch yn dda. Dyna'r

ffordd i gael taw arnyn nhw. Mae'n arfer gan
fiwsig beidio â gwneud fel y mae dyn yn
mynnu. Ymlaen â ni. Cyn imi ganu, rhaid
imi chwarae preliwd, i gael y cywair iawn.
Plong, plong, plong, Pling, pling, pling.
Dyma amser da i diwnio liwt. Pling, pling,
pling. Pling, tang, plong. Pling, pling.
'Dydi'r tannau 'ma ddim yn dal yn iawn ar
dywydd fel hyn. Mi glywa' i sŵn. Mi ro' i fy
liwt wrth y drws.

GWYLWYR: (*yn mynd heibio yn y stryd, yn rhedeg ato wrth glywed y sŵn ac yn holi.*) Pwy sy' na? Pwy sy' na?

POLICHINELLE: (*yn isel.*) Pwy ddiawl sy 'na? Ydi siarad mewn miwsig yn ffasiwn?

GWYLWYR: Pwy sy 'na? Pwy sy 'na? Pwy sy 'na?

POLICHINELLE: (*mewn dychryn.*) Fi, fi, fi.

GWYLWYR: Pwy sy 'na? Pwy sy 'na? meddwn ni.

POLICHINELLE: Fi, fi, meddaf fi.

GWYLWYR: Pwy wyt ti? Pwy wyt ti?

POLICHINELLE: Fi, fi, fi, fi, fi, fi.

GWYLWYR: Dwed d'enw, dwed d'enw, ar d'union.

POLICHINELLE: (*yn cogio bod yn eofn iawn.*) "Dôs i'r diawl" yw f'enw 'rawron.

GWYLWYR: Yma, hogiau, yma, atom ni:
Daliwn y cenau sy'n ateb mor hy.
(*Agoriad y ddawns. Daw'r Gwylwyr i gyd a chwilio am Polichinelle yn y tywyllwch.*)

POLICHINELLE: Pwy sy 'na?
(*Feiolinau a dawnswyr.*)

POLICHINELLE: Pwy ydi'r cnafon rwy'n eu clywed?
(*Feiolinau a dawnswyr.*)

POLICHINELLE: Hy!
(*Feiolinau a dawnswyr.*)

POLICHINELLE: Hei! fy ngweision!
(*Feiolinau a dawnswyr.*)

POLICHINELLE: Myn diawl!
(*Feiolinau a dawnswyr.*)
POLICHINELLE: Myn cythraul!
(*Feiolinau a dawnswyr.*)
POLICHINELLE: Mi lloria' i nhw.
(*Feiolinau a dawnswyr.*)
POLICHINELLE: Champagne, Poitevin, Picard, Basque, Breton!
(*Feiolinau a dawnswyr.*)
POLICHINELLE: Rhowch fy nryll i mi.
(*Feiolinau a dawnswyr.*)
POLICHINELLE: (*yn cogio tanio.*) Bwm!
(*Pawb yn syrthio a ffoi.*)
POLICHINELLE: (*dan chwerthin.*) Ha! ha! ha! ha! Dyna ddychryn rois i iddyn nhw. Dyna ffyliaid ydyn nhw, yn ofni rhywun fel fi sy'n ofni pawb arall gymaint. Wir, 'does ond chwarae'n gyfrwys amdani yn y byd 'ma. Petawn i heb smalio bod yn ŵr mawr a heb gogio bod yn ddewr, mi fuasen nhw wedi fy nal i'n siŵr!
(*Y Gwylwyr yn nesáu, yn clywed ei eiriau ac yn cydio ynddo gerfydd ei goler.*)
GWYLWYR: Dyma fo: brysiwch, hogiau, atom yma! Dowch â golau cryf.
(BALLET. *Daw'r Gwylwyr i gyd â llusernau.*)
Ha! fradwr! ha! 'r cenau! Ti sy 'na?
Cythraul, cidwm, gwalch, digywilydd, hyf,
Lleidr eofn, cnaf, dihiryn
Rwyt ti'n meiddio ein dychryn?
POLICHINELLE: Foneddigion, rown i'n feddw.
GWYLWYR: Na, na, wnaiff esgus mo'r tro,
Rhaid dysgu gwers iti heddiw,
I garchar, brysiwch, i garchar ag o.
POLICHINELLE: Foneddigion, nid lleidr mohono i.
GWYLWYR: I garchar.

POLICHINELLE: Dinesydd o'r dre ydw i.
GWYLWYR: I garchar.
POLICHINELLE: Be wnês i?
GWYLWYR: I garchar, brysiwch, i garchar.
POLICHINELLE: Foneddigion, gadewch imi fynd.
GWYLWYR: Na.
POLICHINELLE: Rwy'n crefu arnoch.
GWYLWYR: Na.
POLICHINELLE: Aah!
GWYLWYR: Na.
POLICHINELLE: Trugaredd!
GWYLWYR: Na, na.
POLICHINELLE: Foneddigion . . .
GWYLWYR: Na, na, na.
POLICHINELLE: Os gwelwch yn dda!
GWYLWYR: Na, na.
POLICHINELLE: Chwarae teg!
GWYLWYR: Na, na.
POLICHINELLE: 'Neno'r Tad!
GWYLWYR: Na, na.
POLICHINELLE: Trugaredd!
GWYLWYR: Na, na, wnaiff esgus mo'r tro,
Rhaid dysgu gwers iti heddiw
I garchar, brysiwch, i garchar ag o.
POLICHINELLE: A! Oes 'na ddim byd, foneddigion, all
gyffwrdd eich calonnau chi?
GWYLWYR: Hawdd cyffwrdd ein calonnau,
Teimladau clên sydd yn ein bronnau:
Cei fynd yn rhydd, os cawn ni heb dwrw
Ddeg sofran felen i brynu cwrw.
POLICHINELLE: Druan ohonof fi, foneddigion, 'does gen i'r
un ddimai goch arna' i.
GWYLWYR: Oni chawn ni ddeg sofran,
'Chei dithau'r un pardwn:
Dewis gael ugain clustan
Neu dy golbio gyda phastwn.

POLICHINELLE: Os oes angen, os oes rhaid mynd drwyddi,
rwy'n dewis yr ugain clustan.
GWYLWYR: Tyrd, gwna dy hun yn barod
A chyfri'n iawn bob cernod.
(BALLET. *Y dawnswyr yn rhoi cernodiau iddo mewn rhythm.*)
POLICHINELLE: Un, a dau, tri a phedwar, pump a chwech, saith ac wyth, naw a deg, un-ar-ddeg a deuddeg a thri-ar-ddeg, a phedwar-ar-ddeg a phymtheg.
GWYLWYR: Aha! Dyna fethu un neu ddau!
Rhaid mynd yn ôl i'r dechrau!
POLICHINELLE: A! Foneddigion, 'all fy mhen bach ddim diodde rhagor, mae o'n gleisiau i gyd fel afal wedi ei bobi. Mi fuasai'n well gen i gael fy nghuro â phastwn nag ail-gychwyn.
GWYLWYR: O'r gorau: os gall pastwn eich llonni,
Fe gewch eich bodloni.
(BALLET. *Y dawnswyr yn ei guro â phastwn mewn rhythm.*)
POLICHINELLE: Un, dau, tri, pedwar, pump, chwech,
A! A! A! 'fedra' i ddal dim mwy. Hwdiwch, foneddigion, dyma ddeg sofren ichi.
GWYLWYR: A! Dyma ŵr bonheddig! A! Enaid hael a swel!
Ffarwel, ffarwel, f'arglwydd Polichinelle!
POLICHINELLE: Nos da, foneddigion.
GWYLWYR: Ffarwel, f'arglwydd, ffarwel, f'arglwydd Polichinelle.
POLICHINELLE: Eich ufudd was.
GWYLWYR: Ffarwel, f'arglwydd, ffarwel, f'arglwydd Polichinelle.
POLICHINELLE: Gyda'ch caniatâd.
GWYLWYR: Ffarwel, f'arglwydd, ffarwel, f'arglwydd Polichinelle.

POLICHINELLE: Ffarwel.
(BALLET. *Pawb yn dawnsio mewn gorfoledd am yr arian a gawsant. Mae'r llwyfan yn newid ac yn dangos ystafell eto.*)

# YR AIL ACT

## Golygfa 1

TOINETTE: Be sy arnoch chi ei eisiau, syr?
CLÉANTE: Be sy arna'i ei eisiau?
TOINETTE: A! A! Chi sy na? Dyna annisgwyl! I be ddaethoch chi yma?
CLÉANTE: I gael gwybod fy nhynged, siarad â'r annwyl Angélique, gwybod beth yw teimladau ei chalon, a gofyn iddi beth a benderfynodd ynglŷn â'r briodas drychinebus 'ma y cês i rybudd ohoni.
TOINETTE: Ie, ond nid fel 'na, yn blwmp ac yn blaen, y mae siarad ag Angélique; rhaid bod yn ofalus, ac fe glywsoch mor gaeth y cedwir hi, na chaiff hi ddim mynd allan na siarad efo neb: dim ond awydd hen fodryb a enillodd inni'r rhyddid i fynd i'r gomedi honno lle cafwyd cyfle i'ch cariad chi flodeuo. Mi fuom yn ofalus iawn, ein dwy, i beidio â sôn am y digwyddiad hwnnw.
CLÉANTE: Dyna pam nad fel Cléante yr ydw i yma, nac fel ei chariad hi, ond fel cyfaill i'w hathro canu hi. Mi gês i ei ganiatâd o i ddweud ei fod o'n f'anfon i yma yn ei le.
TOINETTE: Dacw ei thad hi'n dod. Ewch ychydig o'r neilltu, a gadewch imi ddweud wrtho eich bod chi yma.

---

## Golygfa 2

ARGAN: Fe ddwedodd Doctor Purgon wrthyf am gerdded bob bore yn fy llofft ddeuddeg gwaith yn ôl ac ymlaen; ond mi anghofiais i ofyn iddo pa un ai ar draws ynteu ar led.

TOINETTE: Syr, dyma . . .
ARGAN: Siarad yn ddistawach, y slebog! Dyma ti'n dod i sgytian fy 'mennydd i i gyd, heb feddwl na ddylid siarad mor uchel wrth gleifion.
TOINETTE: Roeddwn i am ddweud, syr . . .
ARGAN: Siarad yn ddistawach, meddaf fi.
TOINETTE: Syr . . . (*yn cogio siarad.*)
ARGAN: Y?
TOINETTE: Dweud yr ydw i wrthych chi fod . . . (*yn cogio siarad.*)
ARGAN: Be wyt ti'n ei ddweud?
TOINETTE: (*yn uchel.*) Rwy'n dweud fod yma ddyn sydd am siarad â chi.
ARGAN: Galw fo. (*Toinette yn gwneud arwydd ar Cléante i ddod ymlaen.*)
CLÉANTE: Syr . . .
TOINETTE: (*yn gellweirus.*) Peidiwch â siarad mor uchel, rhag ichi sgytian 'mennydd y meistr.
CLÉANTE: Syr, rwy'n falch tu hwnt o'ch cael chi ar eich traed, a gweld eich bod chi'n well.
TOINETTE: (*yn cogio gwylltio.*) Sut? Ei fod o'n well? Celwydd noeth! Mae'r meistr yn wastad yn cŵyno.
CLÉANTE: Mi glywais i sôn fod eich meistr yn well, ac rwy'n gweld golwg dda arno.
TOINETTE: Be ydi'ch meddwl chi, chi a'ch "golwg dda"? Mae golwg wael iawn arno, a ffyliaid oedd y rhai a ddwedodd wrthych chi ei fod o'n well. 'Fuo' fo erioed mor wael.
ARGAN: Mae hi'n iawn.
TOINETTE: Mae o'n cerdded, cysgu, bwyta ac yfed yn union fel pawb arall: ond 'dydi hynny ddim yn ei rwystro fo rhag bod yn ddifrifol wael.
ARGAN: Gwir pob gair.

CLÉANTE: Syr, mae'n ddrwg dros ben gen i drosoch chi. Rwy'n dod ar ran athro canu eich merch chi. Bu'n rhaid iddo fynd i'r wlad am rai dyddiau, ac fel ffrind mynwesol iddo, mae'n fy ngyrru ynei le i ddal ymlaen â'i gwersi hi rhag ofn iddi anghofio yr hyn a ŵyr hi'n barod, drwy golli gwersi.
ARGAN: Da iawn. Galwch Angélique.
TOINETTE: Rwy'n meddwl, syr, y bydd yn well imi fynd â'r gŵr ifanc i'w hystafell hi.
ARGAN: Na, dowch â hi yma.
TOINETTE: 'Fedr o ddim rhoi gwers fel y dylai iddi, heb fod hynny'n breifat.
ARGAN: Medr yn iawn, medr yn iawn.
TOINETTE: Syr, 'wnaiff y canu ddim ond eich mwydro chi, a 'does eisiau dim i'ch cynhyrfu chi yn eich cyflwr chi a sgytian eich 'mennydd chi.
ARGAN: Dim o gwbwl, dim o gwbwl, rwy'n hoff o fiwsig, a mi fydda' i wrth fy modd yn ...
A! dyma hi. Dos dithau i weld ydi 'ngwraig i wedi gwisgo amdani.
(*Exit Toinette.*)

---

## Golygfa 3

ARGAN: Tyrd, fy ngeneth i, mae dy athro canu di wedi mynd i'r wlad, a dyma rywun yr anfonodd o yma yn ei le i dy ddysgu di.
ANGÉLIQUE: A! Nefoedd!
ARGAN: Be sy? Pam y fath syndod?
ANGÉLIQUE: Dyma ...
ARGAN: Beth? Be sy'n dy gynhyrfu di fel hyn?
ANGÉLIQUE: Dyma gyd-ddigwyddiad syfrdanol, 'nhad.
ARGAN: Sut hynny?

ANGÉLIQUE: Mi freuddwydiais i neithiwr 'mod i yn yr helbul mwyaf ofnadwy, a bod rhywun yn union fel y gŵr bonheddig yma wedi 'i gyflwyno ei hun imi, a minnau'n gofyn iddo am ei gymorth, ac fe achubodd yntau fi o'r helbul: a mawr oedd fy syndod i wrth weld, yn annisgwyl, wrth gyrraedd yma, yr hyn a fu yn fy meddwl i drwy'r nos.

CLÉANTE: Braint yw cael bod yn eich meddyliau chi, ynghwsg neu yn effro; ac yn sicr fe fuasai'n llawenydd mawr i mi petaech chi mewn rhyw drafferth y tybiech fi'n deilwng i'ch achub chi ohono; a 'does dim na wnawn i . . .

---

## Golygfa 4

(*Daw Toinette i mewn.*)

TOINETTE: (*yn wawdlyd.*) Ar fy ngair, syr, rydw i ar eich ochor chi rŵan, ac rwy'n gwadu'r cwbwl a ddwedais i ddoe. Dyma Monsieur Diafoirus y tad a Monsieur Diafoirus y mab yn dod i alw arnoch chi. Dyna fab-yng-nghyfraith da a gewch chi! Cewch weld y llanc mwya' lluniaidd a ffraeth yn y byd. 'Ddwedodd o ddim ond dau air, a'm swyno i, ac mi fydd eich merch yn gwirioni arno fo.

ARGAN: (*wrth Cléante, sy'n cogio ei fod am fynd.*) Peidiwch â mynd, syr. Trefnu priodas fy merch yr ydw i, ac mae ei darpar-ŵr ar gael ei gyflwyno iddi. 'Welodd hi mohono fo o'r blaen.

CLÉANTE: Anrhydedd mawr imi, syr, yw eich bod chi am imi fod yn dyst o gyfweliad mor ddymunol.

ARGAN: Mae o'n fab i feddyg galluog, a bydd y briodas mewn pedwar diwrnod.
CLÉANTE: Da iawn.
ARGAN: Soniwch dipyn am y peth wrth ei hathro canu, iddo ddod i'r briodas.
CLÉANTE: Gwnaf yn siŵr.
ARGAN: Rwy'n eich gwahodd chwithau hefyd.
CLÉANTE: Dyna anrhydedd mawr imi.
TOINETTE: Dowch, pawb yn ei le; dyma nhw.

---

## Golygfa 5

*(Daw M. Diafoirus a Thomas Diafoirus i mewn.)*

ARGAN: (*yn cyffwrdd ei het ond heb ei thynnu.*) Mae Doctor Purgon, syr, wedi gwahardd imi ddinoethi fy mhen. Rydych chwithau'n feddyg, fe wyddoch y canlyniadau.
M. DIAFOIRUS: Pwrpas ein holl ymweliadau ni yw dod â chymorth i gleifion, nid aflonyddu arnyn' nhw.
ARGAN: Rwy'n derbyn, syr, . . . (*Y ddau yn siarad yr un pryd, yn torri ar draws ei gilydd ac yn drysu.*)
M. DIAFOIRUS: Down yma, syr, . . .
ARGAN: . . . gyda llawenydd mawr . . .
M. DIAFOIRUS: . . . fy mab Thomas a minnau . . .
ARGAN: . . . yr anrhydedd a rowch i mi . . .
M. DIAFOIRUS: . . . i'ch hysbysu, syr, . . .
ARGAN: . . . a buasai'n dda gen i . . .
M. DIAFOIRUS: . . . o'r llawenydd a gawn . . .
ARGAN: . . . pe gallaswn alw heibio i chi . . .
M. DIAFOIRUS: . . . o'ch haelioni tuag atom . . .
ARGAN: . . . i fynegi fy llawenydd . . .
M. DIAFOIRUS: . . . yn cytuno i'n derbyn ni . . .
ARGAN: . . . ond fe wyddoch, syr, . . .
M. DIAFOIRUS: . . . i anrhydedd, syr, . . .

ARGAN: ... sut y mae hi ar glaf truan ...
M. DIAFOIRUS: ... cysylltiad teuluol â chi ...
ARGAN: ... na all wneud dim ond ...
M. DIAFOIRUS: ... a down i'ch sicrhau ...
ARGAN: ... dweud wrthych yn y fan hon ...
M. DIAFOIRUS: ... ym mhob peth sydd a wnelo â'n galwedigaeth ...
ARGAN: ... y bydd yn ceisio pob cyfle ...
M. DIAFOIRUS: ... yn ogystal â phob peth arall ...
ARGAN: ... i ddangos i chi, syr, ...
M. DIAFOIRUS: ... y byddwn wastad yn barod ...
ARGAN: ... ei fod yn hollol at eich gwasanaeth ...
M. DIAFOIRUS: ... i brofi ein sêl trosoch. (*Yn troi at ei fab a dweud wrtho.*) Tyrd, Thomas, yn dy flaen, i gyfarch y teulu.
THOMAS: (*Twpsyn mawr newydd adael y coleg, un sy'n lletchwith ac afrosgo wrth wneud popeth.*) Gyda'r tad y dylid dechrau, yntê?
ARGAN: Ie.
THOMAS: Syr, dof i gyfarch, i gydnabod, i garu a pharchu ynoch chwi ail dad, ond tad, meiddiaf ddweud, yr wyf yn fy nghael fy hun yn llawer mwy dyledus iddo nac i'm tad cyntaf. Fe genhedlodd y cyntaf fi, ond fy newis i wnaethoch chwi. Derbyniodd yntau fi o angenrhaid, ond fe dderbyniasoch chwi fi trwy ras. Gwaith ei gorff yw'r hyn a gefais ganddo, ond gwaith eich ewyllys yw'r hyn a gaf gennych chwi; ac yn gymaint â bod y cyneddfau ysbrydol uwchlaw'r rhai corfforol, cymaint yn fwy ydyw fy nyled i chwi, a mwyaf gwerthfawr gennyf yw'r cysylltiad fydd rhyngom. Dof heddiw yn wylaidd a llawn parch i dalu fy ngwrogaeth rhag blaen.
TOINETTE: Hwrê am y colegau sy'n cynhyrchu dyn mor glyfar!

THOMAS: Oedd hyn'na'n iawn, 'nhad?
M. DIAFOIRUS: *Optime.*
ARGAN: (*wrth Angélique.*) Tyrd i gyfarch y boneddwr.
THOMAS: Wna' i ei chusanu hi?
M. DIAFOIRUS: Ie, ie.
THOMAS: (*wrth Angélique.*) Madam, yn briodol y gildiodd y Nefoedd i chwi yr enw "mam wen", gan fod . . .
ARGAN: Nid fy ngwraig i ydi hi, gyda fy merch yr ydych chi'n siarad.
THOMAS: Ble mae hi ynteu?
ARGAN: Fe ddaw hi.
THOMAS: Wna' i aros, 'nhad, nes daw hi?
M. DIAFOIRUS: Adrodd dy gompliment i'r ferch ifanc.
THOMAS: Mademoiselle, yn union fel y deuai sŵn melodaidd o ddelw Memnon pan dywynnai pelydrau'r haul arni, yn union felly y teimlaf finnau orfoledd melys yn fy llenwi ar ymddangosiad haul eich prydferthwch. Ac fel y sylwa'r naturiaethwyr fod y blodeuyn a elwir heliotrop yn troi'n ddibaid tuag at seren y dydd, felly y bydd fy nghalon innau, o hyn ymlaen, yn wastad yn troi tuag at sêr ysblennydd eich llygaid hawddgar, fel tuag at ei unig begwn. Caniatewch felly, mademoiselle, imi heddiw osod fel offrwm ar allor eich harddwch y galon hon, nad yw'n anadlu na chwenychu unrhyw ogoniant arall na chael bod ar hyd ei hoes, mademoiselle, eich tra-ostyngedig, tra-ufudd a thra-ffyddlon was a phriod.
TOINETTE: (*yn ei wawdio.*) Dyna be ydi studio ichi, dysgu ichi ddweud pethau crand.
ARGAN: Wel! be feddyliwch chi o hyn'na?
CLÉANTE: Mae'r boneddwr yn siarad yn ddigon o ryfeddod, ac os ydi o cystal meddyg ag ydi o

|  | o areithiwr, mi fydd yn bleser bod yn un o'i gleifion. |
|---|---|
| TOINETTE: | Clywch, clywch. Mi fydd yn beth rhyfeddol os medr o iacháu cystal ag y medr o areithio. |
| ARGAN: | Dowch, brysiwch â 'nghadair imi a chadeiriau i bawb arall. Eistedd yma, 'ngeneth i. Fe welwch, syr, fod pawb yn edmygu eich mab, ac rwy'n eich cyfri chi'n ddyn ffodus iawn i fod a bachgen fel hwn gennych chi. |
| M. DIAFOIRUS: | Syr, nid am fy mod i'n dad iddo yr wy'n dweud hyn, ond galla' i ddweud fod gen i le i fod yn falch ohono, a bod pawb sy'n ei weld yn sôn amdano fel bachgen heb unrhyw ddichell ynddo fo. 'Fu ganddo fo erioed ddychymyg byw iawn na'r ffraethineb tanbaid a welir mewn rhai pobol, ond oddi wrth hynny fe fu gen i erioed obaith uchel iawn am ei graffter o, peth mae'n rhaid wrtho yn ein galwedigaeth ni. Fel plentyn, fu o ddim erioed yr hyn a elwir yn ddireidus nac yn fywiog. Fe welid o'n wastad yn ddiniwed, yn dawel ac yn dawedog, byth yn dweud gair, byth yn chwarae'r holl chwaraeon bach hynny a elwir yn chwaraeon plant. Cawsom y trafferth mwya' posib i'w ddysgu o i ddarllen, ac yn naw oed 'wyddai fo byth mo'i lythrennau. "Iawn," meddwn i wrthyf fy hun, "y coed hwyr eu twf sy'n dwyn y ffrwythau gorau. Anos cerfio ar farmor nag ar dywod, ond cedwir pethau lawer yn hwy arno, ac mae'r arafwch deall 'ma, a'r diffyg dychymyg, yn arwydd y bydd barn gywir ganddo." Pan anfonais i o i'r coleg, fe'i cafodd hi'n anodd; ond mi ymgaledai yn wyneb ei anawsterau, a byddai |

ei athrawon yn wastad yn canmol ei
ddycnwch a'i lafur wrthyf fi. O'r diwedd,
wrth ddygnu arni, fe ddaeth yn anrhydeddus
i ennill ei radd; ac mi alla'i ddweud heb
frolio, yn ystod y ddwy flynedd y bu yno, nad
oes yr un ymgeisydd arall wedi codi mwy o
dwrw na fo yn holl ddadleuon ein coleg.
Daeth yn ddyn i'w ofni mewn dadl, a 'does
yr un pwnc yn cael ei drafod, na fydd yn
dadlau i'r eithaf yn ei erbyn. Mae o'n gadarn
mewn dadl, yn glynu fel gelain wrth ei
egwyddorion; fydd o byth yn newid ei farn,
a bydd yn dilyn ei ddadl hyd at fannau eithaf
rhesymeg. Ond, uwchlaw popeth, yr hyn sy'n
fy mhlesio i fwyaf ynddo fo—ac yn hyn o
beth mae o'n dilyn f'esiampl i—mae o'n
glynu'n gibddall at syniadau ein cyndeidiau;
'fynnodd o erioed geisio deall na gwrando ar
ddadleuon nac arbrofion darganfyddiadau
honedig yr oes ynglŷn â chylchrediad y gwaed
a syniadau eraill o'r fath.

THOMAS: (*yn tynnu allan draethawd mawr yn un rholyn o'i
boced a'i gyflwyno i Angélique.*) Yn hwn rwyf
wedi dadlau yn erbyn y cylchredwyr gwaed,
a chyda'ch caniatâd, syr, rwy'n mentro ei
gyflwyno i mademoiselle fel teyrnged
ddyledus iddi o flaenffrwyth fy ngallu.

ANGÉLIQUE: Syr, mae o'n beth diwerth i mi, 'wn i ddim
oll am y pethau hyn.

TOINETTE: Dowch â fo, dowch â fo, mae o'n werth ei
gymryd petai ond er mwyn y llun, fe wna'r
tro i addurno'r llofft.

THOMAS: Hefyd, gyda chaniatâd eich tad, rwy'n eich
gwahodd i ddod i weld *post mortem* ar gorff
merch ryw ddydd, er difyrrwch ichi: rwyf i
draddodi darlith ar y pwnc.

TOINETTE: *Post mortem*! Dyna sioe ddifyr! Mi fydd rhai'n mynd â'u cariadon i weld comedi, ond mae mynd a'ch cariad i *bost mortem* yn llawer mwy rhamantus.

M. DIAFOIRUS: Am y gweddill, ynglŷn â'r nodweddion angenrheidiol ar gyfer priodi ac epilio, rwy'n eich sicrhau ei fod, yn ôl rheolau ein gwŷr dysgedig, cystal fel na ellid dymuno ei well; fod ganddo'r gallu cenhedlol i raddau clodwiw, a'i fod y fath ddyn ag y mae'n rhaid iddo genhedlu plant iach.

ARGAN: Onid yw'n fwriad gennych, syr, ei wthio yn ei flaen yn llys y brenin a chael swydd meddyg iddo yno?

M. DIAFOIRUS: A dweud y gwir wrthych chi, wnês i erioed feddwl fod ein galwedigaeth ni ymysg y bonedd yn un ddymunol. Mi deimlais i bob amser ei bod hi'n well aros gyda'r werin. Mae'r werin yn hawdd ei thrin. 'Does dim rhaid ichi roi cyfri i neb am ddim, a chyhyd â'ch bod chi'n dilyn llif rheolau'r grefft, 'does dim rhaid poeni am beth all ddigwydd. Y drwg gyda'r mawrion 'ma ydi, pan fôn' nhw'n mynd yn sâl, eu bod nhw'n disgwyl i'w meddygon eu hiacháu nhw.

TOINETTE: Dyna ddoniol! Rhai digywilydd iawn ydyn nhw, yn disgwyl eich bod chi foneddigion yn eu gwella nhw! Nid dyna pam yr ydych yn tendio arnyn nhw, ond er mwyn cael eich talu a nodi ffisig iddyn nhw: eu gwaith nhw ydi gwella os gallan nhw.

M. DIAFOIRUS: Gwir bob gair. 'Does rhaid inni wneud dim mwy na thrin pobol yn ôl y rheolau.

ARGAN: (*wrth Cléante.*) Syr, gwnewch i fy merch roi pwt o gân inni.

CLÉANTE: Rown i'n aros am eich gorchymyn, syr, ac mi gês i'r syniad o ganu gyda mademoiselle i ddifyrru'r cwmni, canu golygfa o *operetta* ddiweddar. (*Wrth Angélique, gan roi papur iddi.*) Dyma chi! Dyma'ch rhan chi.

ANGÉLIQUE: Fi?

CLÉANTE: (*yn isel wrth Angélique.*) Peidiwch â gwrthod, os gwelwch yn dda, a gadewch imi egluro ichi beth yw'r olygfa yr ydym i'w chanu.
(*Yn uchel.*) 'Does gen i ddim llais canwr, ond yma dim ond imi fynegi fy hun ac fe fydd yn ddigon: mi fyddwch mor garedig â'm hesgusodi gan fod yn rhaid imi gael mademoiselle i ganu.

ARGAN: Ydi'r geiriau'n rhai da?

CLÉANTE: *Operetta* fach fyr-fyfyr ydi hi, â dweud y gwir, a'r cwbl a glywch chi fydd rhyddiaith rythmig neu fath o wers rydd ar gân, fel y gall serch ac angen eu hawgrymu i ddau gariad sy'n llefaru ohonynt eu hunain ac yn fyr-fyfyr.

ARGAN: O'r gorau. Gadewch inni wrando.

CLÉANTE: (*Dan enw bugail, yn mynegi i'w gariad ei serch tuag ati ers iddynt gwrdd. Yna maent yn cyfnewid meddyliau am ei gilydd ar gân.*)
Dyma destun yr olygfa. Roedd bugail yn syllu ar gyfaredd golygfa ddramatig nad oedd ond newydd ddechrau, pan dynnwyd ei sylw gan dwrw a glywodd wrth ei ymyl. Mae'n troi a gweld llabwst yn camdrin bugeiles â geiriau amharchus. Yn syth dyma fo'n amddiffyn y rhyw deg, y dylai pob dyn dalu gwrogaeth iddi; ac ar ôl cosbi'r llabwst am ei hyfdra, daw at y fugeiles a gweld merch ifanc yn wylo dagrau, y dagrau harddaf yn y byd, gyda'r llygaid tlysaf a welodd erioed. "Gwae ni!" meddai wrtho'i hun, "pwy allai sarhau

47

merch mor hawddgar? Pa ddyn, pa
farbariad, na fuasai'r fath ddagrau yn
cyffwrdd ei galon?" Mae'n gofalu sychu ei
dagrau, sydd mor dlws iddo, a gofala'r
fugeiles dlos yr un pryd ddiolch iddo am ei
gymwynas, ond mewn ffordd mor swynol,
mor dyner ac mor angerddol, fel na all y
bugail ond ildio, ac mae pob gair, pob
edrychiad, yn saeth danbaid i'w chlywed yn
treiddio i'w galon. "Tybed a oes," meddai,
"unrhyw beth all haeddu geiriau caredig
diolch o'r fath? Pa beth na fynnai dyn ei
wneud, pa gymwynasau, pa beryglon na
fuasai dyn yn falch o ruthro iddynt, i ennill
am un eiliad eiriau caredig gan enaid mor
ddiolchgar?" Fe â'r holl ddrama heibio heb
iddo gymryd yr un sylw ohoni; ond mae'n
flin ganddo ei bod mor fyr, achos wrth
ddarfod rhaid iddo adael ei fugeiles annwyl;
ac o'r olwg gyntaf, o'r funud gyntaf, fe
ddychwel adref yn llawn o angerdd gwylltaf
cariad blynyddoedd lawer. Dyma fo ar ei
union yn dioddef holl boenau hiraeth,
arteithiol iddo yw peidio gweld mwyach yr
hon na chafodd ond prin ei gweld. Gwna
bopeth y gall i'w gweld eto, y ferch y mae'r
cof amdani mor annwyl iddo ddydd a nos;
ond ofer yw'r cwbl, gan mor gaeth y cedwir
ei fugeiles. Gan angerdd ei serch, mae'n
penderfynu gofyn am briodi'r eneth annwyl
na all fyw hebddi rhagor, ac mae'n cael ei
chaniatâd trwy lythyr y mae'n llwyddo i'w
anfon iddi. Ond ar yr un pryd fe glyw fod
tad yr eneth wedi trefnu priodas ag un arall,
a bod popeth yn barod i ddathlu'r seremoni.
Meddyliwch ergyd mor greulon oedd hyn i

galon y bugail trist! Dyma loes farwol yn ei
lethu. Ni all ddiodde'r syniad ofnadwy o weld
ei gariad ym mreichiau un arall, ac mewn
anobaith gwyllt dengys ei serch iddo sut i
fynd i gartref ei fugeiles i gael gwybod ei
theimladau a chlywed ganddi pa dynged y
mae'n rhaid iddo ei wynebu. Yno fe wêl
baratoadau y cwbl y mae'n ei ofni; fe wêl ei
elyn annheilwng a osodwyd gan fympwy tad
fel rhwystr i dynerwch ei serch yn cyrraedd.
Fe wêl y gelyn ffôl yn torsythu'n
fuddugoliaethus gyda'r fugeiles annwyl, fel
petai hi'n goncwest y mae'n sicr ohoni, ac
wrth weld hyn mae dicter anodd ei reoli yn
llenwi ei galon. Sylla'n boenus ar yr hon a
gâr, ond o barch iddi, a chan fod ei thad yno,
ni all ddweud dim wrthi ond â'i lygaid. Ond
o'r diwedd mae'n torri pob llyffethair, ac mae
angerdd ei serch yn peri iddo siarad fel hyn.
(*Yn canu.*)
Philis dlos, rwy'n diodde'n arw,
Dywed wrthyf, beth sy'n dy feddwl,
A pha dynged raid im ddisgwyl
A raid im fyw? A raid im farw?

ANGÉLIQUE: (*yn ateb ar gân.*)
Yn drist a distaw rwy'n dihoeni
Rhag ofn y briodas sy'n dy boeni
Ar y nef yr wy'n ymbilio,
Ag ochenaid rwy'n dy wylio
Dyna ddigon am y tro.

ARGAN: Diawch, 'feddyliais i ddim fod fy merch yn
ddigon medrus i ganu o lyfr agored ar yr
olwg gynta'!

CLÉANTE: O Philis, f'anwylyd, mor ffodus wyf fi,
Mae ffawd arnai'n gwenu

|            | Os llwyddais i ddenu
Dy galon fach di. |
| ---: | :--- |
| ANGÉLIQUE: | Mor gyfyng yw arna' i'n awr!
Ydw, o Dirsis, rwy'n dy garu di'n fawr. |
| CLÉANTE: | O hyfryd air gan hyfryd lais!
Tybed ai gwir a glywais?
Unwaith eto wnei di lefaru? |
| ANGÉLIQUE: | Ydw, Tirsis, rwy'n dy garu. |
| CLÉANTE: | Unwaith eto, Philis, rwy'n ymbilio. |
| ANGÉLIQUE: | Rwy'n dy garu. |
| CLÉANTE: | Dywed o ganwaith yn ddiflino. |
| ANGÉLIQUE: | Rwy'n dy garu, rwy'n dy garu;
Ydw, Tirsis, rwy'n dy garu di. |
| CLÉANTE: | O dduwiau, frenhinoedd
Fry yn y nefoedd,
Oes rhywun mor ffodus â mi?
Ond hyn sy'n amharu
Ar fy llawenydd
Mae un arall sy'n dy garu . . . |
| ANGÉLIQUE: | Mae o'n gas gen i beunydd!
Mae mor ddiflas i mi
Ag ydi o i ti. |
| CLÉANTE: | Ond mynn dy dad i ti ei briodi. |
| ANGÉLIQUE: | Gwell gennyf angau
Na mynd i'w grafangau!
Gwell gennyf angau, gwell gennyf angau
Coelia di fi! |
| ARGAN: | A be ddywed y tad yn wyneb hyn oll? |
| CLÉANTE: | Yr un gair. |
| ARGAN: | Dyna dad gwirion, yn diodde'r holl lol heb ddweud dim! |
| CLÉANTE: | O! fy nghariad . . . |
| ARGAN: | Na, na, dyna hen ddigon. Esiampl wael iawn oedd i'w chael yn y gomedi yna. Un digywilydd ydi'r bugail Tirsis, ac un ddigywilydd hefyd ydi'r fugeiles Philis, yn |

siarad fel'na yng ngŵydd ei thad.
Dangoswch y papur 'na i mi. Aha! Ble mae'r geiriau ddwedsoch chi? 'Does ond nodau'r miwsig ar hwn.

CLÉANTE: 'Wyddoch chi ddim, syr, eu bod nhw wedi dyfeisio ffordd yn ddiweddar o sgrifennu'r geiriau gyda'r nodau eu hunain?

ARGAN: O'r gorau. Gyda phob parch, syr, da boch chi. Mi allasen ni wneud yn iawn heb eich opera wirion chi.

CLÉANTE: Rown i'n meddwl mod i'n eich difyrru chi.

ARGAN: Dydi hen lol ddim yn difyrru neb. A! dyma 'ngwraig i.

---

## Golygfa 6

(*Daw Béline, Doctor Diafoirus a Thomas Diafoirus i mewn.*)

ARGAN: 'Nghariad i, dyma fab Doctor Diafoirus.

THOMAS: (*yn cychwyn adrodd compliment a baratôdd, ond o ddiffyg ar ei gof, yn methu mynd ymlaen.*) Madam, yn briodol y gildiodd y nef ichwi yr enw "mam wen" gan y gwelir ar eich wyneb . . .

BÉLINE: Syr, rwy'n falch mod i wedi dod mewn pryd i gael yr anrhydedd o'ch gweld chi.

THOMAS: Gan y gwelir ar eich wyneb . . . gan y gwelir ar eich wyneb . . . Madam, mi ddaru chi dorri ar fy nhraws ar ganol fy mrawddeg, a drysu 'nghof i.

M. DIAFOIRUS: Thomas, cadw fo tan ryw dro arall.

ARGAN: Mi fuasai'n dda gen i, 'nghariad i, petaech chi yma gynnau.

TOINETTE: A! Madam, dyna golled gawsoch chi, nad oeddech chi yma i glywed am yr ail dad, delw Memnon a'r blodyn a elwir heliotrop!

ARGAN: Tyrd, 'ngeneth i, cydia yn llaw y gŵr bonheddig, a gwna d'adduned iddo fel gŵr iti.

ANGÉLIQUE: Ond 'nhad!

ARGAN: "Ond 'nhad!" Be sy? Pam wyt ti'n dweud "Ond 'nhad"?

ANGÉLIQUE: O drugaredd, peidiwch â rhuthro pethau. Rhowch inni o leiaf yr amser inni gael dod i 'nabod ein gilydd a gweld yn tyfu ynom yr atyniad hwnnw sy'n rhaid wrtho i wneud uniad perffaith.

THOMAS: O'm rhan i, mademoiselle, fe dyfodd yr atyniad ynof fi'n barod, a 'does arna'i ddim angen aros rhagor.

ANGÉLIQUE: Os ydych chi mor sydyn, syr, rydw i'n wahanol, a rhaid cyfadde nad ydi'ch rhagoriaethau chi ddim eto wedi gwneud digon o argraff ar fy meddwl i.

ARGAN: O! twt twt! Digon o amser i hynny ddod pan fyddwch wedi priodi.

ANGÉLIQUE: O 'nhad, rhowch gyfle imi, rwy'n crefu arnoch chi. Cadwyn ydi priodas na ddylid byth mo'i rhwymo am galon neb dan orfodaeth; ac os ydi'r bonheddwr yn ŵr bonheddig, 'ddylai o ddim derbyn gwraig yn erbyn ei hewyllys.

THOMAS: *Nego consequentiam:* 'dydi hynny ddim yn dilyn, mademoiselle; mi alla' i fod yn ŵr bonheddig a chytuno i'ch derbyn chi o ddwylo eich tad.

ANGÉLIQUE: Dyna ffordd wael o ennill serch rhywun ydi ei gorfodi hi.

THOMAS: Yn ôl a ddarllenwn yn yr awduron clasurol, mademoiselle, eu harfer nhw oedd cipio trwy drais o gartrefi'r tadau, y merched oedd i'w priodi, fel nad ymddangosai mai o'u

|            | gwirfodd yr oedden nhw'n priodi ym mreichiau dyn. |
|---:|:---|
| ANGÉLIQUE: | Yr awduron clasurol oedden nhw, syr, a phobl heddiw ydym ni. 'Does dim rhaid wrth ystumiau yn yr oes hon, a phan fo merch yn dymuno priodi, fe ŵyr yn iawn sut i fynd ati heb gael ei llusgo. Dipyn o amynedd, syr, os ydych yn fy ngharu, dylech ddymuno popeth yr wyf fi'n ei ddymuno. |
| THOMAS: | Ie, mademoiselle, ag eithrio be sy a wnelo â 'nghariad i. |
| ANGÉLIQUE: | Ond prif arwydd cariad yw bod yn ufudd i ddymuniadau'r ferch a gerir. |
| THOMAS: | *Distinguo:* rwy'n gwahaniaethu, mademoiselle: mewn popeth nad oes a wnelo â'i meddiannu hi, *concedo:* rwy'n gildio; ond ynglŷn â'i meddiannu hi, *nego:* rwy'n gwadu. |
| TOINETTE: | 'Waeth ichi heb â dadlau. Newydd adael y coleg y mae'r bonheddwr, ac fe rydd o daw arnoch chi bob tro. Pam gwrthwynebu cymaint, a gwrthod yr anrhydedd o gael perthyn i gorff yr Ysgol Feddygol? |
| BÉLINE: | Efallai fod ganddi ryw awydd arall yn ei phen. |
| ANGÉLIQUE: | Petai gen i, madam, mi fuasai'n awydd rhesymol a chymeradwy gan bawb. |
| ARGAN: | Diawch! dyma ran ddigri sy gen i i'w chwarae yma! |
| BÉLINE: | Petawn i'n dy le di, 'ngwas i, 'fuaswn i ddim yn ei gorfodi hi i briodi, ac mi wn i'n iawn be fuaswn i'n ei wneud. |
| ANGÉLIQUE: | Mi wn yn iawn, madam, be ydi'ch meddwl chi, ac mi wn mor garedig ydych chi tuag ata' i; ond efallai, yn anffodus, na chaiff eich cynghorion eu dilyn. |

BÉLINE: Y peth ydi, mae merched call a pharchus fel chi yn gwawdio bod yn ufudd a gostyngedig i'w tadau. Peth iawn i'r oes o'r blaen ydi hynny.

ANGÉLIQUE: Mae terfynau ar ddyletswydd merch, madam, a 'dydi rheswm a'r gyfraith ddim yn dweud fod yn rhaid iddi ufuddhau ym mhob peth.

BÉLINE: Hynny ydi, priodas ydi'r unig beth dan sylw, ond eich bod chi'n mynnu dewis gŵr yn ôl eich mympwy eich hun.

ANGÉLIQUE: Oni fynn fy nhad roi gŵr imi wrth fy modd, mi grefa' i arno o leiaf i beidio 'ngorfodi i i briodi gŵr na alla' i mo'i garu.

ARGAN: Foneddigion, mae'n wir ddrwg gen i am hyn oll.

ANGÉLIQUE: Mae gan bawb ei nod wrth briodi. O'm rhan i, rwy'n dymuno gŵr yn unig er mwyn ei garu'n wironeddol, ac rwy'n bwriadu cysegru fy holl fywyd iddo ac felly rwy'n cyfaddef 'mod i'n disgwyl rhywfaint o ofal cyn priodi. Mae rhai merched sy'n cymryd gwŷr yn unig er mwyn dianc o ormes eu rhieni ac ennill rhyddid i wneud fel y mynnon nhw. Mae 'na rai eraill, madam, sy'n troi priodas yn fusnes o elw pur, sy'n priodi dim ond i etifeddu incwm fel gwraig weddw, i elwa ar farwolaeth eu gwŷr, sy'n rhedeg yn ddiegwyddor o ŵr i ŵr i feddiannu eu heiddo wedi iddyn nhw farw. 'Dydi gwragedd fel 'na, â dweud y gwir, ddim mor anodd eu plesio a 'dydi o fawr o bwys ganddyn nhw sut un ydi'r gŵr.

BÉLINE: Rwy'n eich cael chi'n gegog iawn heddiw, ac mi hoffwn i wybod be rydych chi'n ei feddwl.

ANGÉLIQUE: Fi, madam? Beth allwn i ei feddwl ond yr hyn rwy'n ei ddweud?

BÉLINE: Rydych chi mor wirion, 'ngeneth i, nad oes modd eich diodde chi rhagor.

ANGÉLIQUE: Mi fuasai'n dda gennych, madam, wneud imi ateb yn ôl yn ddigywilydd ond rwy'n eich rhybuddio chi na chewch chi mo'r fantais honno.

BÉLINE: 'Chlywais i erioed neb mor ddigywilydd â chi.

ANGÉLIQUE: Na, madam, 'waeth ichi heb â siarad.

BÉLINE: Ac mae ynoch chi rhyw falchder gwirion, a rhyfyg digywilydd, sy'n eich gwneud chi'n destun siarad i bawb.

ANGÉLIQUE: Ni thâl hyn oll ddim, madam, mi gadwa' i 'mhwyll er eich gwaethaf chi; ac i ladd pob gobaith i chi lwyddo yn eich bwriad, rwyf am fynd o'ch golwg chi.

ARGAN: Gwrando! 'Does 'na ddim ffordd ganol yn hyn o beth. Gwna dy ddewis o fewn pedwar diwrnod—un ai priodi'r gŵr ifanc yma neu fynd i gwfaint. (*Wrth Béline.*) Paid a phoeni, mi ro' i drefn arni.
(*Exit Angélique.*)

BÉLINE: Mae'n ddrwg gen i d'adael di, 'ngwas i; ond mae gen i fusnes yn y dre y mae'n rhaid imi fynd yn ei gylch. Mi fydda' i'n ôl gyda hyn.

ARGAN: Dos di, 'nghariad i, a galw ar dy dwrnai, iddo fo frysio ymlaen efo wyddost-ti-be'.

BÉLINE: Da boch, 'nghariad bach i.
(*Exit Béline.*)

ARGAN: Da boch, f'anwylyd i. Dyna wraig sy'n fy ngharu . . . mae'n anhygoel.

M. DIAFOIRUS: Rydym ni am ddweud ffarwel wrthych chi, syr.

ARGAN: Os gwelwch chi'n dda, syr, wnewch chi ddweud wrthyf sut yr ydw i.

M. DIAFOIRUS: (*yn teimlo ei arddwrn.*) Tyrd, Thomas, cydia ym mraich arall y bonheddwr, i weld fedri di roi barn deg ar guriad ei galon o. *Quid dicis?*

THOMAS: *Dico* fod curiad y bonheddwr yn guriad dyn gwael.

M. DIAFOIRUS: Da iawn.

THOMAS: Mae o fymryn yn llafurus, onid yn llafurus iawn.

M. DIAFOIRUS: Ardderchog.

THOMAS: Yn afreolus.

M. DIAFOIRUS: *Bene*.

THOMAS: A hyd yn oed braidd yn anwastad.

M. DIAFOIRUS: *Optime*.

THOMAS: Yr hyn sy'n arwydd o anhwylder ar y parenchyma chwarennol, hynny ydi, y ddueg.

M. DIAFOIRUS: Rhagorol.

ARGAN: Na; mae Doctor Purgon yn dweud mai yn fy iau i y mae'r gwendid.

M. DIAFOIRUS: A! ie; mae'r gair parenchyma yn golygu'r naill a'r llall, oherwydd y cysylltiad agos rhyngddyn nhw trwy berfeddyn byr y pilorws, ac yn fynych drwy'r pibau bustl. Diau ei fod o'n dweud wrthych am fwyta digon o fwyd rhost.

ARGAN: Na, dim ond bwyd wedi ei ferwi.

M. DIAFOIRUS: O! ie, rhostio, berwi, yr un peth ydi'r cwbwl. Mae o'n rhoi cyngor gofalus iawn ichi, 'fedrech chi ddim bod mewn gwell dwylo.

ARGAN: Doctor, sawl gronyn o halen ddylwn i ei roi mewn ŵy?

M. DIAFOIRUS: Chwech, wyth, deg, yn ôl y rhifau gwastad, fel mewn ffisig yn ôl y rhifau anwastad.

ARGAN: Da boch chi, doctor.

(*Exeunt M. Diafoirus a Thomas Diafoirus.*)

## Golygfa 7

BÉLINE: Rwy'n dod, 'ngwas i, cyn mynd allan, i ddweud wrthyt ti am rywbeth y dylet ti ddal sylw arno. Wrth fynd heibio ystafell Angélique, mi welais i lanc ifanc gyda hi, ac mi ddiflannodd yn syth pan welodd o fi.

ARGAN: Llanc ifanc efo fy merch i!

BÉLINE: Ie. Roedd dy ferch fach Louison gyda nhw, fe all hi ddweud yr hanes wrthyt ti.

ARGAN: Anfon hi yma, 'nghariad i, anfon hi yma. A! 'r gnawes haerllug! 'Does ryfedd gen i bellach ei bod hi'n gwrthwynebu!

---

## Golygfa 8

LOUISON: Be sy arnoch chi ei eisiau, 'nhad? Fe ddwedodd mam wen eich bod chi'n holi amdana' i.

ARGAN: Oeddwn. Tyrd yma. Tyrd yn nês. Tro'r ffordd hyn. Cod dy ben. Edrych arna' i. Ha!

LOUISON: Be, tada?

ARGAN: Wel?

LOUISON: Wel be?

ARGAN: 'Does gen ti ddim byd i'w ddweud wrthyf i?

LOUISON: Os mynnwch chi, mi adrodda' i hanes *Croen yr asyn* i'ch difyrru chi, neu chwedl *Y Llwynog a'r Frân* yr ydw i newydd ei dysgu.

ARGAN: Nid dyna'r ydw i'n ei ofyn.

LOUISON: Be felly?

ARGAN: Ha!'r sarff, mi wyddost yn iawn be ydw i'n ei feddwl.

LOUISON: Na wn i, mae'n ddrwg gen i, tada.

ARGAN: Fel hyn rwyt ti'n ufuddhau i mi?

LOUISON: Sut?

ARGAN: Ddwedais i ddim wrthyt ti am ddod yn syth i ddweud am bopeth weli di wrthyf fi?
LOUISON: Do, tada.
ARGAN: Wnêst ti hynny?
LOUISON: Do, tada. Mi ddois i ddweud wrthych chi am bopeth welais i.
ARGAN: A welaist ti ddim byd heddiw?
LOUISON: Naddo, tada.
ARGAN: Naddo?
LOUISON: Naddo, tada.
ARGAN: Ar dy wir?
LOUISON: Ar fy ngwir.
ARGAN: Ho! felly, mi wna i iti weld rhywbeth, mi wnaf! (*Yn cydio mewn gwialen fedw.*)
LOUISON: O! tada!
ARGAN: Aha! 'r sopen fach! 'Dwyt ti ddim yn dweud wrthyf fi dy fod ti wedi gweld dyn yn ystafell dy chwaer?
LOUISON: Tada!
ARGAN: Fe ddysgith hyn iti ddweud celwydd.
LOUISON: (*yn syrthio ar ei gliniau.*) A! tada, maddeuwch i mi. Fe ddwedodd fy chwaer wrthyf fi am beidio dweud wrthych chi; ond mi ddweda' i'r cwbwl wrthych chi.
ARGAN: Yn gyntaf, rhaid iti gael chwip am ddweud celwydd. Yna, wedyn, mi gawn ni weld am y gweddill.
LOUISON: Maddeuwch imi tada.
ARGAN: Na, na.
LOUISON: Tada annwyl, peidiwch â'm chwipio i.
ARGAN: Mi'i cei di hi.
LOUISON: 'Neno'r Tad, tada, peidiwch.
ARGAN: (*yn cydio ynddi i'w chwipio.*) Tyrd yn dy flaen.
LOUISON: A! tada, rydych chi wedi 'mrifo i. 'Rhoswch, rydw i wedi marw. (*Yn cogio marw.*)

ARGAN: Y? Be sy? Louison, Louison! O Dduw mawr! Louison! O! fy merch i! O! Druan ohonof fi, mae fy merch fach i wedi marw! Be wnês i, y cena drwg imi? A! wialen felltigedig! Melltith ar bob gwialen! A! fy merch fach i, Louison fach druan!

LOUISON: Dyna fo, tada, peidiwch â chrio cymaint. 'Dydw i ddim yn hollol farw.

ARGAN: Welwch chi'r sguthan fach! O! Da waeth, da waeth, rwy'n maddau iti am y tro, ar yr amod dy fod ti'n dweud y cwbwl wrthyf fi.

LOUISON: O! gwnaf, tada.

ARGAN: Bydd di'n ofalus achos dyma fys bach ŵyr y cwbwl, fydd yn dweud wrthyf fi os dwedi di gelwydd.

LOUISON: Ond tada, peidiwch â dweud wrth fy chwaer 'mod i wedi dweud wrthych chi.

ARGAN: 'Wna' i ddim, 'wna' i ddim.

LOUISON: Wel, tada, fe ddaeth 'na ddyn i stafell fy chwaer pan oeddwn i yno.

ARGAN: Wel?

LOUISON: Mi ofynnais i iddo beth oedd arno ei eisiau, a mi ddwedodd wrthyf fi mai ei hathro canu hi oedd o.

ARGAN: Hm, hm! Dyna be sy'n mynd ymlaen. Wel?

LOUISON: Fe ddaeth fy chwaer wedyn.

ARGAN: Wel?

LOUISON: Fe ddwedodd hi wrtho: "Dos allan, dos, dos! 'Neno'r Tad, dos! rwyt ti'n ddigon i 'nrysu i."

ARGAN: Wel?

LOUISON: 'Fynnai fyntau ddim mynd allan.

ARGAN: Be oedd o'n ei ddweud wrthi?

LOUISON: Roedd o'n dweud wn i ddim faint o bethau.

ARGAN: A be wedyn?

LOUISON: Roedd o'n dweud hyn, a'r llall, ei fod o'n ei charu hi, ac mai hi oedd y dlysa'n y byd.

ARGAN: Ac wedyn?
LOUISON: Ac wedyn fe aeth ar ei liniau o'i blaen hi.
ARGAN: Ac wedyn?
LOUISON: Ac wedyn, mi gusanodd ei dwylo hi.
ARGAN: Ac wedyn?
LOUISON: Ac wedyn fe ddaeth mam wen at y drws, a dyma fo'n eu g'leuo hi.
ARGAN: Dim byd arall?
LOUISON: Nac oedd, tada.
ARGAN: Ond er hynny dyma 'mys bach i sy'n sisial rhywbeth. Aros di. Heh! Aha! Pwy? Oho! Dyma 'mys bach i yn sôn am rywbeth a welaist ti, na soniaist ti ddim amdano.
LOUISON: O! tada, dweud celwydd mae'ch bys bach chi.
ARGAN: Gwylia di!
LOUISON: Na, tada, peidiwch â'i gredu o; dweud celwydd mae o, yn siŵr i chi.
ARGAN: O, o'r gorau, gawn ni weld. Dos dithau, a chadw llygad ar bopeth: dos. A! 'Dydi plant ddim fel y byddai plant, bellach. Dyma helbulon! 'Does gen i'r un funud i feddwl am fy ngwaeledd. Ar fy ngwir, mi rydw i wedi ymlâdd. (*Yn ail-eistedd yn ei gadair.*)

---

## Golygfa 9

(*Daw Béralde i mewn.*)
BÉRALDE: Wel, frawd, sut mae hi? Sut wyt ti?
ARGAN: A! frawd, gwael iawn.
BÉRALDE: Sut hynny, gwael iawn?
ARGAN: Ie, mi rydw i mewn cymaint o wendid, mae'n anhygoel.
BÉRALDE: Dyna hen beth cas.
ARGAN: 'Does gen i ddim nerth i siarad, hyd yn oed.
BÉRALDE: Dod yr oeddwn i, frawd, i sôn wrthyt ti am ŵr i fy nith Angélique.

ARGAN: (*yn siarad yn wyllt ac yn codi o'i gadair.*) Taw sôn am y sguthan honno wrthyf fi, frawd. C'nawes ydi hi, jadan ddigywilydd, ac mi'i rho' i hi mewn cwfaint cyn pen deuddydd.

BÉRALDE: Ha! Dyna welliant. Rwy'n falch iawn dy fod ti'n adennill dipyn o nerth a 'mod i'n gwneud lles iti wrth ddod i alw arnat ti. Beth bynnag, mi gawn ni sôn am hyn'na gyda hyn. Rwy'n dod â rhywbeth i dy ddifyrru di, rhywbeth a welais i fydd yn codi dy galon di ac yn dy roi di mewn gwell hwyl i drafod pethau. Sipsiwn ydyn nhw wedi eu gwisgo fel pobol Morocco, yn dawnsio a chanu, ac rwy'n siŵr y cei di ddifyrrwch: mi fydd cystal ag unrhyw bapur doctor gan Doctor Purgon. Tyrd.

———

Yr Ail Anterliwt

(*Daw brawd y claf diglefyd â nifer o sipsiwn, yn llanciau a merched, wedi eu gwisgo fel Mŵriaid, sy'n dawnsio a chanu i'w ddifyrru.*)
*Sipsi gyntaf:*
Gwyn ein byd yng ngwanwyn mwyn
Bore oes a'i fythol swyn
O lân lodesi hudol.
Gwyn ein byd yng ngwanwyn mwyn
Bore oes a'i fythol swyn
Ymrown i gariad swynol!

Mae pleserau mwya'r byd
Heb fflamau cariad
Yn methu'n lân o hyd
Â phlesio'r enaid.
Gwyn ein byd, etc.

Na wariwch awr yn ofer
Mae harddwch yn gwywo
Wrth i amser ei friwo
Gwna henaint cas
A'i oeraidd iâs
In golli'n blas ar bleser.
Gwyn ein byd, etc.

*Ail Sipsi:*
Rhaid in garu, medd dy gân,
Ond yn barod, 'weli di,
Mae 'nghalon i ar dân
Am gariad, coelia fi.
Mae gan gariad i'n denu
Swynion mor hyfryd
Fel yr ildiwn dan wenu
Heb aros 'run funud.
Ond clywais sôn fod serch
Yn peri poen i'r galon,
Yn achos dagrau'n lli
Yn dod â mil ofalon.
Am hynny, gwrando, ferch,
Rwy'n 'sgoi ei holl dreialon.

*Trydedd Sipsi:*
Yn ifanc, dyna braf
Yw caru llanc yn dyner
Tra bo o serch yn glaf:
Os *nad* yw'n driw, wel dyna friw,
Eich cariad aeth yn ofer.

*Pedwaredd Sipsi:*
Pan fo llanc yn troi trwyn
Hyn yw achos fy llid:
Gwrandewch ar fy nghŵyn
Aeth y bradwr a dwyn
Fy nghalon i gyd.

*Ail Sipsi:*
Dros gariad neu'n erbyn?
Dyma ofyn fy nghalon.

*Pedwaredd Sipsi:*
A ddylem ei dderbyn?
Er ei holl dreialon?

*Pawb gyda'i gilydd:*
Ie, mewn cariad boed i'n fod,
A'i lawenydd fo ein nod,
Ei angerdd a'i fympwyon:
Os oes poenau, un neu ddwy,
Mae yno bleserau fil a mwy,
Sy'n swyno'r galon.
(*Pawb yn dawnsio.*)

# Y DRYDEDD ACT

## Golygfa 1

(*Béralde, Argan, Toinette.*)
BÉRALDE: Wel! fy mrawd, be wyt ti'n ei feddwl o'r sioe? 'Dydi hyn'na ddim cystal â dôs o wermod?
TOINETTE: Hm! Peth iawn ydi dôs iawn o wermod!
BÉRALDE: Wel, wyt ti am inni gael sgwrs fach â'n gilydd?
ARGAN: Aros funud, 'mrawd, nes imi ddod yn f'ôl.
TOINETTE: Hei, syr, ydych chi'n anghofio na allwch chi ddim cerdded heb ffon.
ARGAN: Rwyt ti'n iawn. (*Exit Argan.*)

---

## Golygfa 2

TOINETTE: Da chi, syr, peidiwch ag esgeuluso buddiannau eich nith.
BÉRALDE: Fe wna' i bopeth yn fy ngallu i gael iddi yr hyn y mae hi'n ei ddymuno.
TOINETTE: Mae'n *rhaid* rhwystro'r briodas hanner-pan 'ma y mae o wedi cymryd i'w ben i'w threfnu, a mi ges i'r syniad y byddai'n beth da medru dod â doctor i'r tŷ 'ma, fuasai ar ein hochor ni, i beri iddo flino ar ei Ddoctor Purgon ac i ladd arno. Ond gan nad oes gennym ni neb mewn llaw i wneud hyn'na, rydw i wedi penderfynu chwarae tric o f'eiddo fy hun.
BÉRALDE: Sut?
TOINETTE: Syniad chwerthinllyd ydi o ond efallai y bydd o'n fwy o lwyddiant nag y byddai un call. Gadewch bopeth i mi; ewch chi a gwneud eich rhan. Dyma'r dyn ei hun yn dod.

## Golygfa 3

*(Daw Argan i mewn.)*

BÉRALDE: Gyda dy ganiatâd, fy mrawd, rwy'n gofyn iti, yn anad dim, i beidio â cholli dy dymer yn ystod ein sgwrs.

ARGAN: Ar bob cyfri'.

BÉRALDE: Ac ateb heb surni i'r pethau y digwydd i mi eu dweud wrthyt ti.

ARGAN: Gwna'.

BÉRALDE: A thrafod â'n gilydd y materion dan sylw, mewn ysbryd yn rhydd oddi wrth bob teimlad afresymol.

ARGAN: Mi wna', 'neno'r Tad. Dyna glamp o ragymadrodd.

BÉRALDE: Sut mae'n bod, frawd, dy fod ti, yn gefnog fel yr wyt ti, a heb blant ond un ferch—achos 'dydw i ddim yn cyfri'r fechan—sut mae hi'n bod, meddaf fi, dy fod ti'n sôn am ei rhoi hi mewn cwfaint?

ARGAN: Sut mae'n bod, frawd, 'mod i'n feistr yn fy nghartre' i wneud fel y gwela' i orau?

BÉRALDE: 'Fydd dy wraig byth yn colli cyfle i dy gynghori di i gael gwared ar dy ddwy ferch, a rydw i'n amau dim na fuasai hi, o garedigrwydd, wrth gwrs, wrth ei bodd o'u gweld ill dwy yn lleianod da glân.

ARGAN: Oho, dyma ni eto. Dyma lusgo'r wraig druan i mewn yn syth. Y hi sy'n gwneud y drygioni i gyd, ac mae pawb â gwenwyn yn ei herbyn.

BÉRALDE: Na, na, 'mrawd, gadwn lonydd iddi: gwraig ydi hi sydd â'r bwriadau gorau yn y byd ar gyfer dy deulu, ac sy'n hollol rydd oddi wrth unrhyw feddwl am ei lles ei hun, sy'n rhyfeddol o dyner tuag atat ti, ac sy'n annwyl ac yn glên tu hwnt wrth dy blant: 'does dim dwywaith. Peidiwn â sôn amdani: gad inni ddod yn ôl at dy ferch. Beth ydi dy feddwl di, frawd, wrth fynnu ei rhoi hi'n wraig i fab doctor?

ARGAN: Meddwl, fy mrawd, cael mab-yng-nghyfraith wrth fy modd yr ydw i.

BÉRALDE: 'Wnaiff hwn'na mo'r tro, fy mrawd, i dy ferch di, ac mae 'na ddarpar-ŵr llawer gwell ar gael iddi hi.

ARGAN: Oes: ond mae hwn, fy mrawd, yn llawer gwell i mi.

BÉRALDE: Ond y gŵr y dylai hi ei briodi, fy mrawd, iddi hi y dylai fo fod, ynteu i ti?

ARGAN: Mi ddylai fod, fy mrawd, iddi hi *ac* er fy mwyn i, a rydw i am gael yn y teulu y bobol y mae eu hangen nhw arna' i.

BÉRALDE: Yn ôl y rheswm yna, petai dy ferch fach mewn oed, mi fuaset am iddi briodi drygist!!

ARGAN: Pam lai?

BÉRALDE: Oes bosib dy fod ti'n dal i wirioni dy ben efo dy ddoctoriaid a dy ddrygist, oes bosib dy fod ti'n *mynnu* bod yn wael er gwaetha' pawb ac er gwaetha' natur?

ARGAN: Be wyt ti'n ei feddwl, frawd?

BÉRALDE: Meddwl yr ydw i, fy mrawd, na welais i neb llai gwael na thi, ac na fedrwn i ddim dymuno gwell cyfansoddiad na d'un di. Un arwydd mawr dy fod ti'n berffaith iawn, ac nad oes 'na ddim byd o'i le ar dy gorff di, ydi hyn, gyda'r holl ofal yr wyt ti wedi ei gymryd, nad wyt ti ddim hyd yn hyn wedi llwyddo i ddifetha dy iechyd, ac nad wyt ti ddim wedi marw wrth lyncu'r holl ffisig a roddwyd iti.

ARGAN: Ond 'dwyt ti ddim yn deall, fy mrawd, mai hynny sy'n fy nghadw i; a bod Doctor Purgon

|          | yn dweud y byddai hi wedi canu arna' i petawn i ond tridiau heb fod dan ei ofal o? |
|----------|---|

BÉRALDE: Os na ofeli di, mi fydd mor ofalus ohonot ti fel y bydd o yn dy yrru di i'r byd arall.

ARGAN: Ond gad inni drafod ychydig ar hyn. 'Dwyt ti ddim yn coelio mewn meddygaeth felly?

BÉRALDE: Na, fy mrawd, a 'wela' i ddim fod yn rhaid i neb goelio ynddi hi er mwyn iechydwriaeth.

ARGAN: Beth! 'dwyt ti ddim yn coelio mewn peth y mae pawb yn ei dderbyn, peth a barchwyd gan genhedlaeth ar ôl cenhedlaeth?

BÉRALDE: I'r gwrthwyneb, rwy'n ei gael, rhyngom ni'n dau, yn un o'r pethau mwya' ffôl sy'n bod ymhlith dynion, ac o edrych ar bethau yn bwyllog, wela' i ddim pantomeim mwy chwerthinllyd: i mi 'does 'na ddim byd doniolach na dyn sy'n cymryd arno gwella dyn arall.

ARGAN: A pham na chredi di, fy mrawd, y gall un dyn wella dyn arall?

BÉRALDE: Oherwydd, fy mrawd, fod elfennau cyfansoddiad y corff yn ddirgelwch hyd yn hyn, na all dynion mo'i ddeall, ac oherwydd fod natur wedi cuddio'r gyfrinach rhagom yn rhy dda inni fedru deall dim.

ARGAN: 'Ŵyr y doctoriaid ddim felly, yn d'ôl di?

BÉRALDE: O, gwyddan, fy mrawd. Fe ŵyr y rhan fwya' lawer am y clasuron: sut i siarad Lladin coeth, dweud yr enw Groeg ar bob afiechyd, eu diffinio a'u dosbarthu: ond am eu gwella nhw, dyna beth na wyddan nhw ddim o gwbwl.

ARGAN: Ond eto rhaid cytuno fod doctoriaid yn fwy gwybodus yn hyn o beth na neb arall.

BÉRALDE: Mi wyddan, fy mrawd, yr hyn a ddwedais i wrthyt ti, a 'wnaiff hynny wella fawr o ddim,

a'r cwbwl sydd 'na yn eu medr eithriadol,
ydi rhyw falu awyr rhwysgfawr, rhyw glebran
sy'n swnio'n dda, sy'n rhoi geiriau yn lle
rhesymau ac addewidion yn lle rhywbeth sy'n
gweithio.

ARGAN: Ond wedi'r cwbwl, fy mrawd, mae 'na bobol
llawn mor gall ac mor fedrus â thithau; ac fe
allwn weld fod pawb mewn gwaeledd yn
mynd at y meddyg.

BÉRALDE: Dyna arwydd o wendid dynol, nid arwydd o
wirionedd eu gallu nhw.

ARGAN: Ond mae'n rhaid fod y doctoriaid yn credu
go-iawn yn eu gallu, gan eu bod nhw'n
gwneud defnydd ohono i'w gwella eu hunain.

BÉRALDE: O achos fod 'na rai yn eu plith nhw sydd eu
hunain yn credu yn y camsyniad cyffredin y
mae nhw yn elwa arno, ac eraill sy'n elwa
arno heb gredu ynddo. 'Dydi Doctor Purgon,
er enghraifft, ddim yn gweld dim o'i le yn y
peth; mae o'n ddyn sy'n ddoctor o'i gorun i'w
sawdl; dyn sy'n credu mwy yn ei reolau nac
yn holl brofion mathemateg, a mi fuasai'n
dal mai pechod fyddai mynnu eu hamau;
dyn nad ydi o'n gweld dim sy'n dywyll
mewn meddygaeth, dim byd amheus, dim
byd anodd; dyn sydd â rhagfarn danbaid, a
hyder diwyro; a heb rithyn o reswm
na synnwyr cyffredin, yn dilyn y ffasiwn
hurt am weithio a gwaedu pobl, heb ystyried
dim. Rhaid peidio â digio wrtho am beth
bynnag y gall ei wneud iti; gyda'r bwriad
gorau yn y byd y bydd yn dy ddiweddu, ac
wrth dy ladd di, ni fydd ond yn gwneud fel y
gwna' i'w wraig a'i blant, ac fel y gwnai
petai raid, iddo ef ei hun.

ARGAN: Y peth ydi, ty mrawd, fod gen ti wenwyn yn ei erbyn o. Ond rŵan, gad inni ddod at y pwynt: Be ddylai rhywun ei wneud pan fo'n wael?

BÉRALDE: Dim byd, fy mrawd.

ARGAN: Dim byd?

BÉRALDE: Dim. Dim ond aros yn dawel. Mae natur ohoni ei hun, pan adawn ni lonydd iddi, yn ei gwella ei hun yn ara' deg o'r gwaeledd yr aeth iddo. Ein pryder a'n diffyg amynedd ni sy'n difetha'r cwbwl, ac mae pawb o'r bron yn marw o'u ffisig, nid o'u hafiechydon.

ARGAN: Ond rhaid iti gytuno, fy mrawd, y gellir helpu natur trwy wneud rhai pethau.

BÉRALDE: Nefoedd, fy mrawd, 'dydi hynny'n ddim ond syniadau yr ydym ni'n hoff o'u coleddu, ac fe fu erioed ymhlith dynion, ddychmygion hawdd y down i'w credu, oherwydd eu bod yn ein plesio ac oherwydd y byddai'n beth dymunol petaen nhw'n wir. Pan fo meddyg yn sôn wrthych chi am helpu, cynorthwyo ac esmwytho natur, am gael gwared ar yr hyn sy'n niweidiol iddi a rhoi yn ôl yr hyn aeth ar goll, am adfer iechyd ac am wneud i'r corff weithio'n rhwydd; pan fo'n sôn wrthych am buro'r gwaed, am liniaru'r ymysgaroedd a'r 'mennydd, am ddadchwyddo'r ddueg, am wella'r 'sgyfaint, a'r iau, am gryfhau'r galon, am adfer a chadw'r gwres naturiol, neu pan fo'n dweud fod ganddo gyfrinachau all estyn eich oes am flynyddoedd maith, yna adrodd straeon tylwyth teg y mae. Ond pan ddowch chi at y gwirionedd ac at brofiad, 'chewch chi ddim o'r fath beth, ac mae fel un o'r breuddwydion braf hynny nad oes dim ar eu hôl pan ddeffrowch chi, ond siom eich bod wedi eu coelio nhw.

ARGAN: Hynny ydi, mae holl wybodaeth y byd yn dy ben di, a mynnu'r wyt ti dy fod ti'n gwybod mwy na holl feddygon mawr yr oes.

BÉRALDE: Yn eu sgwrs ac wrth eu pethau, mae dy feddygon mawr di'n edrych fel dau wahanol fath o bobl; gwrando arnyn nhw'n siarad, nhw ydi'r calla' yn y byd: edrych arnyn nhw wrth eu gwaith, nhw ydi'r mwya' anwybodus o bawb.

ARGAN: O twt! Lol! Mi rwyt ti'n 'sglaig mawr, wela' i, a mi fuasai'n dda gen i petai un o'r gwŷr bonheddig hyn yma i wrthbrofi dy ddadleuon di a thorri dy grib di.

BÉRALDE: 'Dydw *i*, fy mrawd, ddim yn cymryd arna' y dasg o ymladd yn erbyn meddygaeth, a mi all pawb gredu fel y mynn, ar ei beryg ei hun. Rhyngom ni'n unig mae'r hyn yr ydw i'n ei ddweud, ac mi fuasai'n dda gen i fedru dy ddarbwyllo di o'th gamsyniad, ac, i'th ddifyrru di, mynd â thi i weld un o gomedïau Molière ar y pwnc yma.

ARGAN: Cena' digywilydd iawn ydi dy Folière di a'i gomedïau, ac un rhyfedd ydi o, yn mynd i wneud hwyl am ben pobl barchus fel y doctoriaid!

BÉRALDE: Nid am ben y doctoriaid y mae o'n gwneud hwyl, ond am ben yr hyn sy'n chwerthinllyd mewn meddygaeth.

ARGAN: (*yn eironig.*) Un da ydi o yn cymryd arno beirniadu meddygaeth! Dyna iti lembo digywilydd, yn gwneud hwyl am ben ymweld â doctor, ac am ben papurau doctor, yn ymosod ar y doctoriaid i gyd, a dangos ar y llwyfan bobl barchus fel y gwŷr bonheddig yna.

BÉRALDE: Ond be wyt ti'n ei ddisgwyl iddo'u dangos yno, ond dynion o'r gwahanol alwedigaethau? Mae nhw'n rhoi tywysogion a brenhinoedd ar y llwyfan bob dydd, ac mae nhw'n dod o gystal teuluoedd â'r doctoriaid.

ARGAN: Myn uffern dân! Petawn i'n ddoctor, mi fuaswn i'n dial arno am ei ddigywilydd-dra, a phan fydd o'n wael, mi adawn i iddo farw yn ddiymgeledd. 'Waeth be' wnâi o, 'waeth be' ddweda' fo, 'fuaswn i ddim yn gadael iddo gael ei waedu o gwbwl, na chael yr un enema, a mi ddwedwn i wrtho: "Taga! taga'r diawl, fe ddysgith hyn'na iti wneud hwyl am ben doctoriaid."

BÉRALDE: Rwyt ti wedi gwylltio'n arw yn ei erbyn o.

ARGAN: Ydw; un anystyriol ydi o, ac os ydi'r doctoriaid yn gall, mi wnân' fel yr ydw i'n dweud.

BÉRALDE: Mi fydd yn gallach fyth na dy ddoctoriaid di, achos wnaiff o ddim gofyn am eu help nhw.

ARGAN: Gwaetha'n byd iddo, oni wnaiff o ddefnyddio ffisig.

BÉRALDE: Mae ganddo fo ei resymau dros beidio, a honni mae o mai'r unig rai 'all fforddio gwneud hynny, ydi pobl iach a chryf a digon o nerth yn sbâr i ddioddef y ffisig yn ogystal â'r salwch; ond o'i ran o'i hun, 'does ganddo fo ond prin digon o nerth i wrthsefyll ei waeledd.

ARGAN: Ha, dyna resymau hanner-pan! Tyrd, fy mrawd, gad inni beidio â sôn rhagor am y dyn 'na, mae'n codi beil arna' i, ac mi fyddet yn dod â'm salwch i'n ôl.

BÉRALDE: O'r gorau, fy mrawd, ac i newid y sgwrs, mi ddweda' i wrthyt ti na ddylet ti, oherwydd rhyw ychydig o anfodlonrwydd ar ran dy ferch, benderfynu'n fyrbwyll ei rhoi hi mewn cwfaint; er mwyn dewis mab-yng-nghyfraith, rhaid peidio â dilyn yn ddall dy fympwy sy'n dy reoli, a mi ddylai dyn, yn hyn o beth, ddod i delerau â dymuniad merch, gan mai peth am oes ydi priodas, ac ar hynny y mae holl hapusrwydd priodas yn dibynnu.

---

## Golygfa 4

(*Daw Monsieur Fleurant i mewn â chwistrell yn ei law.*)

ARGAN: Ah! esgusoda fi, fy mrawd.
BÉRALDE: Be? Be wyt ti am ei wneud?
ARGAN: Cymryd yr enema bach yna, 'fydda' i fawr o dro.
BÉRALDE: 'Dwyt ti 'rioed o ddifrif! Fedri di ddim bod am funud heb enema neu ddôs o ffisig? Gad o tan rhyw dro arall, a bydd yn llonydd am dipyn.
ARGAN: Monsieur Fleurant, tan heno neu bore 'fory felly.
M. FLEURANT: (*wrth Béralde.*) Pa hawl sydd gennych chi i fusnesu a gwrthwynebu gorchmynion doctor a rhwystro'r gŵr bonheddig rhag cymryd ei enema? Un da ydych chi i fod mor bowld!
BÉRALDE: Dowch syr, mae'n amlwg nad ydych chi ddim yn arfer siarad yn *wynebau* pobol.
M. FLEURANT: 'Ddylai neb wneud hwyl am ben ffisig a gwastraffu f'amser i. Ar orchymyn doctor y dois i yma, ac rydw i'n mynd i ddweud wrth Ddoctor Purgon sut y cês i fy rhwystro rhag

dilyn ei orchymyn a gwneud fy ngwaith.
Mi gewch chi weld, mi gewch chi weld . . .
(*Exit M. Fleurant.*)

ARGAN: Fy mrawd, mi fyddi di wedi achosi rhyw ddrwg yma.

BÉRALDE: Hy, dyna ddrwg mawr iti fuasai peidio â chymryd enema ar orchymyn Doctor Purgon! Unwaith eto, fy mrawd, oes bosib nad oes modd dy wella di rhag clefyd y doctoriaid, oes bosib dy fod ti'n mynnu dy foddi dy hun ar hyd dy oes yn eu ffisig nhw?

ARGAN: 'Rargian, fy mrawd, rwyt ti'n siarad fel dyn iach; ond petaet ti yn fy lle i, fel arall y buaset ti'n siarad. Digon hawdd lladd ar ddoctoriaid pan fo dyn mewn llawn iechyd.

BÉRALDE: Ond be sy o'i le arnat ti?

ARGAN: Fy mhryfocio fi'r wyt ti. Mi fuasai'n dda gen i petaet ti mor wael â fi, tybed a fuaset ti'n paldaruo cymaint wedyn. Ah! Dyma'r Doctor Purgon.

---

## Golygfa 5

(*Daw Dr. Purgon i mewn.*)

PURGON: Mi rydw i newydd glywed newydd da iawn wrth y drws: fod pobl yn cael hwyl am ben fy ngorchymyn i, a'u bod nhw'n gwrthod cymryd y ffisig yr o'n i wedi ei gymeradwyo.

ARGAN: Ond syr, 'dydi o ddim . . .

PURGON: Dyna hyfdra go arw, dyn gwael yn meiddio gwrthryfela yn erbyn ei ddoctor.

TOINETTE: Peth ofnadwy ydi o.

PURGON: Enema yr o'n i wedi mwynhau ei baratoi o fy hun.

ARGAN: Nid arna' i y mae'r bai.

PURGON: Enema wedi ei greu a'i ffurfio yn ôl holl reolau'r grefft.
TOINETTE: Mae o ar fai!
PURGON: Enema a ddyl'sai gael effaith rhyfeddol ar yr ymysgaroedd!
ARGAN: Fy mrawd . . .
PURGON: Troi trwyn ar f'enema i!
ARGAN: Y fo ddaru . . .
PURGON: Dyna weithred afresymol!
TOINETTE: Gwir bob gair.
PURGON: Trosedd aruthrol yn erbyn meddygaeth.
ARGAN: Fo ydi achos . . .
PURGON: Achos o ddoctor-fradwriaeth, nad oes unrhyw gosb yn ormod amdano.
TOINETTE: Rydych chi'n iawn.
PURGON: Rydw i'n torri pob cysylltiad â chi, deallwch.
ARGAN: Fy mrawd ddaru . . .
PURGON: 'Wna' i ddim rhagor â chi.
TOINETTE: Mi wnewch yn iawn.
PURGON: Ac i dorri pob cysylltiad rhyngom, dyma'r addewid o arian a wnês i i'm nai petai o'n priodi eich merch. (*Gan ei rwygo.*)
ARGAN: Fy mrawd i ydi achos y drwg i gyd!
PURGON: Ffieiddio f'enema i!
ARGAN: Dewch â fo imi, mi gymra' i o yn syth.
PURGON: Mi fuaswn i wedi'ch gwella chi cyn pen dau funud.
TOINETTE: 'Dydi o ddim yn ei haeddu o.
PURGON: Roeddwn i am iacháu eich corff chi a charthu'r holl aflendid ohono fo.
ARGAN: Ah! fy mrawd!
PURGON: A 'doedd arna' i ddim eisio ond dwsin o ffisigon i weld gwaelod y gasgen, fel petai.
TOINETTE: 'Dydi o ddim yn werth eich trafferth chi.
PURGON: Ond gan nad oeddech chi'n fodlon cael eich gwella gen i . . .

ARGAN: Nid ty mai i ydi o.

PURGON: Gan eich bod chi wedi torri ymaith oddi wrth yr ufudd-dod sy'n ddyledus i ddoctor . . .

TOINETTE: Mae'n gywilydd o beth.

PURGON: Gan eich bod chi wedi gwrthryfela yn erbyn y ffisigon yr o'n i yn eu rhoi ichi . . .

ARGAN: Hei! Dim o'r fath beth!

PURGON: Rhaid imi ddweud wrthych chi 'mod i yn eich gadael chi i'ch cyfansoddiad gwael, i anhwylder eich ymysgaroedd, i lygredd eich gwaed, i surni eich beil ac i amhuredd eich anianau.

TOINETTE: Dyna ddweud da iawn.

ARGAN: O nefoedd!

PURGON: A gobeithio, cyn pedwar diwrnod, y byddwch chi mewn cyflwr anobeithiol.

ARGAN: O! trugaredd!

PURGON: Gobeithio y cewch chi'r bradypepsia!

ARGAN: Doctor Purgon!

PURGON: Ac ar ôl y bradypepsia, y cewch chi'r dyspepsia!

ARGAN: Doctor Purgon!

PURGON: Ac ar ôl y dyspepsia, y cewch chi'r apepsia!

ARGAN: Doctor Purgon!

PURGON: Ac ar ôl yr apepsia, y daw cyfog arnoch chi!

ARGAN: Doctor Purgon!

PURGON: Ac ar ôl y cyfogi, y cewch chi'r dysentri!

ARGAN: Doctor Purgon!

PURGON: Ac ar ôl y dysentri, y dropsi!

ARGAN: Doctor Purgon!

PURGON: Ac ar ôl y dropsi, gobeithio y trengwch chi, yr hen ffŵl ichi!

(*Exeunt Purgon a Toinette.*)

## Golygfa 6

ARGAN: Aah! Nefoedd, mae hi ar ben arna' i. Fy mrawd, rwyt ti wedi difetha popeth imi.

BÉRALDE: Pam? Be sydd?

ARGAN: Aah! Rydw i'n darfod! Rydw i'n teimlo'n barod fod meddygaeth yn dial arna' i.

BÉRALDE: 'Rargian, fy mrawd, rwyt ti'n drysu, a 'fynnwn i ddim am fil o bunnau bod neb yn dy weld ti'n ymddwyn fel yr wyt ti. Ystyria dy hun, da ti, callia a phaid â choelio dy ddychymyg gymaint.

ARGAN: Ond fy mrawd, rwyt ti'n gweld y clefydau rhyfedd yr oedd yn eu bygwth arna' i.

BÉRALDE: Dyna ben-dafad wyt ti!

ARGAN: Mae o'n dweud na fydd modd fy ngwella fi cyn pen pedwar diwrnod.

BÉRALDE: A beth sydd a wnelo ei air o â'r peth? Ai fo ydi Almanac Caergybi? O wrando arnat ti, mi goeliai rhywun fod d'einioes di fel edau yn nwylo Dr. Purgon, a'i fod, â'r awdurdod uchaf, yn ei estyn a'i fyrhau fel y mynn. Cofia fod elfennau dy fywyd ynot ti dy hun, a bod dicter Doctor Purgon mor analluog i dy ladd di, ag y mae ei ffisig i dy wella di. Dyma ti wedi cael profiad sy'n ddigon, os mynni di, i beri iti gael gwared ar ddoctoriaid; neu, oni elli di wneud hebddyn nhw, mae'n hawdd cael un arall, fy mrawd, y byddai'n llai peryglus iti fod dan ei law.

ARGAN: Ah! 'mrawd, mae o'n gyfarwydd â 'nghyfansoddiad i i gyd a'r dull o 'nhrin i.

BÉRALDE: Rhaid cyfaddef, rwyt ti'n ddyn llawn o ragfarn, ac yn edrych ar bethau mewn ffordd ryfedd iawn.

## Golygfa 7

(*Daw Toinette i mewn.*)

TOINETTE: Syr, dyma 'na feddyg sy'n gofyn am eich gweld chi.
ARGAN: Pa feddyg?
TOINETTE: Meddyg . . . meddygaeth.
ARGAN: Gofyn ydw i, pwy ydi o.
TOINETTE: 'Dydw i ddim yn ei 'nabod o, ond mae o'r un ffunud â mi, ac oni bai 'mod i'n siŵr fod mam yn wraig barchus, mi ddwedwn mai rhyw frawd bach oedd o wedi iddi ei gael ar ôl marw 'nhad.
ARGAN: Tyrd â fo i mewn.
(*Exit Toinette.*)
BÉRALDE: Rwyt ti'n cael gwasanaeth wrth dy fodd. Un doctor yn d'adael di, un arall yn ei gynnig ei hun.
ARGAN: Mae arna' i ofn yr achosi di ryw anhap imi.
BÉRALDE: Dyma ni eto! Yr un hen stori!
ARGAN: Weli di, rydw i'n poeni am yr holl glefydau 'na na wn i ddim amdanyn nhw, yr . . .

---

## Golygfa 8

(*Daw Toinette (fel meddyg) i mewn.*)

TOINETTE: Syr, caniatewch imi alw arnoch a chynnig fy ngwasanaeth ar gyfer pob gwaedu a charthu y bydd eu hangen arnoch chi.
ARGAN: Diolch yn fawr iawn ichi, syr. Ar f'enaid i, dyma Toinette ei hun.
TOINETTE: Esgusodwch fi, syr, os gwelwch yn dda, mi anghofiais i roi neges i'r gwas, mi ddof yn f'ôl toc.
ARGAN: He! Fuaset ti ddim yn taeru mai Toinette ydi o go-iawn?

BÉRALDE: Mae 'na debygrwydd mawr, mae'n wir, ond 'dydi pethau fel'na yn ddim byd newydd, ac mae hanes yn llawn o driciau natur o'r fath.
ARGAN: Fy hun, rydw i'n synnu ar fy hyd, a . . .

---

## Golygfa 9

(*Toinette yn diosg ei gwisg meddyg mor sydyn fel bo'n anodd credu mai hi a a ymddangosodd fel meddyg. Daw Toinette fel Toinette i mewn*).

TOINETTE: Be ga' i ei wneud ichi, syr?
ARGAN: Sut?
TOINETTE: Ddaru chi ddim galw arna' i?
ARGAN: Fi? Naddo.
TOINETTE: Mae'n rhaid mai fy nghlustiau i oedd yn canu.
ARGAN: Aros yma am funud i weld mor debyg iti ydi'r doctor 'ma.
TOINETTE: (*wrth fynd allan.*) Ho, felly'n wir! Mae gen i waith i'w wneud, mi welais i ddigon ar y doctor.
ARGAN: Oni bai 'mod i'n eu gweld nhw o'u dau, mi daerwn i mai'r un dyn oedd o.
BÉRALDE: Mi ddarllenais i bethau rhyfedd iawn am y mathau yma o debygrwydd, ac yn ddiweddar fe welwyd achosion a wnaeth i bawb gamgymryd.
ARGAN: Mi fuaswn innau hefyd wedi camgymryd y tro yma, a mi fuaswn yn taeru mai'r un person oedd o.

---

## Golygfa 10

(*Daw Toinette (fel doctor) i mewn.*)
TOINETTE: Mae'n wir ddrwg o galon gen i, syr.

ARGAN: Mae'r peth yn wyrthiol!

TOINETTE: Mi faddeuwch imi, os gwelwch yn dda, am f'awydd i weld claf mor enwog â chi, mi all eich enwogrwydd, sy'n fyd-eang, esgusodi fy hyfdra.

ARGAN: Eich ufudd was, doctor.

TOINETTE: Mi rydych chi'n syllu'n graff arna' i, mi wela' i, syr. Faint feddyliwch ydi f'oed i?

ARGAN: Rhyw chwech neu saith-ar-hugain ar y mwya', am 'wn i.

TOINETTE: Ha ha ha ha! Rydw i'n ddeg-a-phedwar-ugain oed.

ARGAN: Deg-a-phedwar-ugain?!!

TOINETTE: Ie. Mi ellwch weld un o effeithiau cyfrinachau fy nghrefft, sy'n fy nghadw i'n hoyw a bywiog.

ARGAN: Ar fy marw, dyna hen ŵr ifanc hardd deg-a-phedwar-ugain oed.

TOINETTE: Meddyg teithiol ydw i, sy'n mynd o dre i dre, o dalaith i dalaith, o deyrnas i deyrnas, i chwilio am achosion enwog i'm galluoedd, i chwilio am gleifion teilwng o'm sylw, a allai roi prawf ar y cyfrinachau mawr ac ardderchog y dois i o hyd iddyn nhw mewn meddygaeth. 'Wna' i ddim ymostwng i drafferthu â rhyw fân glefydau cyffredin sothachlyd, a rhyw fanion dibwys fel cryd cymalau a llid, y dwymyn, cur yn y pen a'r bendro. Rhaid imi gael clefydau o bwys, twymynnau iawn, dibaid, a strociau, mân-waedu, plâu iawn, dropsis iawn mewn llawn dŵf, plewrisis iawn, a llid ar yr ysgyfaint: pethau fel'na sy'n hoff gen i, gyda nhw y bydda' i ar fy ngorau; a mi fuasai'n dda gen i, syr, petai arnoch chi bob un o'r clefydau y soniais i amdanyn nhw, petai pob

doctor wedi rhoi'r gorau ichi, petaech chi
mewn anobaith, ar farw, er mwyn imi
ddangos ichi mor ardderchog ydi fy moddion
i, a'm hawydd i'ch gwasanaethu chi.

ARGAN: Diolch yn fawr ichi, doctor, am eich holl
ddymuniadau da.

TOINETTE: Estynnwch eich llaw, imi glywed eich curiad.
Rŵan ynteu, dowch iddo guro'n iawn. Aha!
Mi wna' i ichi fynd fel y dylech chi. Whiw!
un digywilydd ydi'r curiad 'ma: mi wela' i na
wyddoch chi ddim pwy ydw i eto. Pwy ydi'ch
doctor chi?

ARGAN: Doctor Purgon.

TOINETTE: 'Dydi enw'r dyn yna ddim ar fy rhestr i o
feddygon mawr. Be mae o'n ei ddweud sy o'i
le arnoch chi?

ARGAN: Mae o'n dweud mai'r iau sydd, ac eraill yn
dweud mai'r ddueg sydd.

TOINETTE: Ffyliaid ydyn nhw i gyd. Efo'r frest yr ydych
chi'n cwyno.

ARGAN: Efo'r frest?

TOINETTE: Ie. Sut rydych chi'n teimlo?

ARGAN: O dro i dro mi fydda' i'n cael cur yn fy
mhen.

TOINETTE: Yn union, y frest.

ARGAN: Weithiau mae 'na fel petai rhywbeth o flaen
fy llygaid i.

TOINETTE: Y frest.

ARGAN: Ambell waith mi fydda' i'n teimlo'n swp sâl.

TOINETTE: Y frest.

ARGAN: Ac weithiau mi fydda' i'n teimlo blinder yn
fy nghoesau a 'mreichiau.

TOINETTE: Y frest.

ARGAN: Ac o dro i dro mi fydda' i'n cael poenau yn
fy mol, fel y colic.

TOINETTE: Y frest. Fyddwch chi'n cael blas ar eich bwyd?
ARGAN: Bydda', syr.
TOINETTE: Y frest. Fyddwch chi'n hoffi llymaid o win?
ARGAN: Bydda', syr.
TOINETTE: Y frest. Fyddwch chi'n teimlo'n gysglyd ar ôl prydiau, ac yn falch o gysgu?
ARGAN: Bydda', syr.
TOINETTE: Y frest, y frest, meddaf i wrthych chi. Be ddwedodd eich doctor wrthych chi y dylech chi ei fwyta?
ARGAN: Potes, medda fo.
TOINETTE: *Gwirionus!*
ARGAN: Ffowlyn.
TOINETTE: *Gwirionus!*
ARGAN: Cig llo.
TOINETTE: *Gwirionus!*
ARGAN: Cawl.
TOINETTE: *Gwirionus!*
ARGAN: Wyau ffres.
TOINETTE: *Gwirionus!*
ARGAN: A gyda'r nos, prŵns i 'ngweithio i.
TOINETTE: *Gwirionus!*
ARGAN: Ac yn arbennig, i yfed fy ngwin efo'i lond o ddŵr.
TOINETTE: *Gwirionus, gwiriona, gwirionum!* Mi ddylech chi yfed eich gwin heb ddŵr; ac i d'wchu eich gwaed, sy'n rhy denau, rhaid bwyta cig eidion tew bras, cig moch tew bras, caws Holand da, uwd a reis. Cnau a bisgedi, i d'wchu a cheulo'r gwaed. Ffŵl ydi'ch doctor chi.
Rydw i am anfon doctor atoch chi, un wedi imi ei hyfforddi fy hun, ac mi ddo' i i'ch gweld o dro i dro, tra bydda' i yn y dre 'ma.
ARGAN: Rydych chi'n garedig iawn wrthyf fi.

TOINETTE: Be goblyn rydych chi'n ei wneud efo'r fraich yna?

ARGAN: Be rydych chi'n ei feddwl?

TOINETTE: Dyna fraich y byddwn i'n cael ei thorri i ffwrdd, yn eich lle chi.

ARGAN: A sut hynny?

TOINETTE: 'Dydych chi ddim yn meddwl ei bod hi'n sugno holl faeth eich corff iddi hi ei hun, a'i bod yn rhwystro'r ochor yna i'r corff rhag gwella?

ARGAN: Ydw, ond mae arna'i eisio 'mraich.

TOINETTE: Mae gennych chi hefyd lygad de y buaswn i'n cael ei dynnu allan, petawn i yn eich lle chi.

ARGAN: Tynnu fy llygad?

TOINETTE: Welwch chi ddim ei fod o'n amharu ar y llall ac yn dwyn ei faeth o? Coeliwch chi fi, ewch i gael ei dynnu o gynta' fedrwch chi, mi welwch yn well efo'r llygad chwith.

ARGAN: Ond 'does 'na ddim brys.

TOINETTE: Ffarwél. Mae'n flin gen i eich gadael chi mor fuan, ond rhaid imi fynd i drafodaeth bwysig sydd i'w chynnal ynghylch dyn a fu farw ddoe.

ARGAN: Ynghylch dyn a fu farw ddoe?

TOINETTE: Ie, i ystyried ac i weld be ddylid fod wedi ei wneud iddo i'w wella. Da boch chi.

ARGAN: Mi wyddoch na fydd cleifion yn danfon i'r drws.

(*Exit Toinette.*)

BÉRALDE: Dyna ddoctor, yn wir, sy'n swnio'n glyfar iawn.

ARGAN: Ydi, ond mae o'n mynd braidd yn gyflym.

BÉRALDE: Mae'r doctoriaid mawr i gyd fel 'na.

ARGAN: Torri 'mraich a thynnu fy llygad, er mwyn i'r llall wella! Mae'n well gen i aros yn wael

fel rydw i. Dyna driniaeth ardderchog, fy
ngwneud i'n unllygeidiog ac yn unfreichiog!

---

## Golygfa 11

LLAIS
TOINETTE: (*cyn dod i mewn.*) Hei, dyna ddigon, gyda'ch
caniatâd. Peidiwch â 'nghosi fi, 'dydw i ddim
mewn hwyl i chwerthin.
ARGAN: Be sydd?
(*Daw Toinette i mewn.*)
TOINETTE: Eich doctor chi, myn dian i, yn trïo teimlo
'nghuriad i.
ARGAN: Welsoch chi ffasiwn beth, ac yntau'n
ddeg-a-phedwar-ugain oed!
BÉRALDE: Gwrando, fy mrawd, gan weld fod dy
Ddoctor Purgon wedi ffraeo efo ti, ga'i sôn
wrthyt ti am y gŵr ifanc sy'n cynnig am law
fy nith?
ARGAN: Na, fy mrawd, rydw i am ei rhoi hi mewn
cwfaint gan ei bod hi'n gwrthod ufuddhau
imi. Mi alla' i weld yn iawn fod 'na ryw
ramant fach yn mynd ymlaen, ac mi rydw i
wedi clywed am ryw gyfarfod dirgel rhwng y
cariadon, na ŵyr neb 'mod i wedi clywed
amdano.
BÉRALDE: Wel wel! fy mrawd, hyd yn oed petai 'na
ryw atyniad rhyngddyn nhw, be fyddai o'i
le ar hynny, a be all eich digio chi, pan nad
oes 'na ddim mewn golwg ond peth parchus
fel priodas?
ARGAN: Sut bynnag mae hi, fy mrawd, i'r cwfaint y
mae hi'n mynd: a dyna ben.
BÉRALDE: Gwneud hyn i blesio rhywun arall yr wyt ti.
ARGAN: Rydw i'n dy ddeall di. Yr un hen diwn gron,
mae 'ngwraig i ar dy feddwl di o hyd.

BÉRALDE: Wel, ie, fy 'mrawd, â siarad yn blaen, dy wraig di sydd gen i dan sylw; dim mwy nag y galla'i ddiodde' dy fod ti'n gwirioni am ddoctoriaid, 'alla' i ddim diodde' dy fod ti'n gwirioni amdani hi, a gweld dy fod ti'n rhuthro'n ddall i bob trap mae hi'n ei osod iti.

TOINETTE: Ah! syr, tewch sôn am Madam: gwraig ydi hi na all neb ladd arni, gwraig heb ddichell, sy'n caru'r meistr, sy'n ei charu hi. Mae o tu hwnt i eiriau.

ARGAN: Gofyn iddi am y mwythau fydda' i'n eu cael ganddi hi.

TOINETTE: Mae o'n iawn.

ARGAN: Gofyn am y ffordd y mae hi'n poeni am fy salwch i.

TOINETTE: Siŵr iawn.

ARGAN: Gofyn am ei thrafferth a'i gofal ohono' i.

TOINETTE: Yn siŵr ichi. (*Wrth Béralde.*) Ydych chi am imi eich argyhoeddi chi a dangos cymaint y mae Madam yn caru'r meistr? (*Wrth Argan.*) Syr, gadewch imi ddangos ei anwybodaeth a'i gamgymeriad iddo fo.

ARGAN: Sut?

TOINETTE: Fe ddaw Madam yn ei hôl toc. Gorweddwch i lawr yn y gadair 'ma, a chogiwch fod wedi marw. Mi gewch weld ei galar hi pan â' i â'r newydd iddi hi.

ARGAN: O'r gorau.

TOINETTE: Iawn, ond peidiwch â'i gadael hi'n hir mewn anobaith, achos mi allai hi farw o dorri ei chalon.

ARGAN: Gad ti bopeth i mi.

TOINETTE: (*Wrth Béralde.*) Ewch chithau i guddio yn y gornel acw.

ARGAN: Tybed nad ydi hi'n beryglus cymryd arnoch farw?

TOINETTE: Na, na. Pa beryg allai 'na fod? Gorweddwch i lawr yn fan'na. (*Yn isel.*) Mi fydd hi'n bleser rhoi ail i'ch brawd. Dyma Madam yn dod. Peidiwch â symud.

---

## Golygfa 12

(*Daw Béline i mewn.*)

TOINETTE: (*yn gweiddi.*) O'r nefoedd! O! trugaredd! O! am brofedigaeth!

BÉLINE: Be sy', Toinette?

TOINETTE: O! Madam!

BÉLINE: Ond be sydd?

TOINETTE: Mae'ch gŵr chi wedi marw.

BÉLINE: Mae 'ngŵr i wedi marw?

TOINETTE: O diar! Ydi. Mae'r truan diweddar wedi trengi.

BÉLINE: Go-iawn?

TOINETTE: Go-iawn. 'Wyr neb eto am y digwyddiad yma, roeddwn i yma ar fy mhen fy hun. Mae o newydd lewygu yn fy mreichiau i. Edrychwch, dyma fo ar ei hyd yn y gadair 'ma.

BÉLINE: Diolch i'r nef! Dyna wared ar faich mawr. Ond 'dwyt ti'n hurt, Toinette, yn poeni ei fod o wedi marw!

TOINETTE: Roeddwn i'n meddwl fod yn rhaid crïo.

BÉLINE: Twt twt, 'dydi o ddim yn werth y drafferth. Pa golled sy' yna ar ei ôl o, ac i be roedd o'n dda ar y ddaear? Dyn oedd yn ddiflas i bawb, budr, ffiaidd, byth a beunydd ag enema neu ffisig yn ei fol, yn sychu 'i drwyn, yn pesychu, yn poeri, yn ddi-glem, yn annifyr, yn flin, yn aflonyddu ar bawb, ac yn cega ar y gweision ddydd a nos.

TOINETTE: Wel dyna araith angladd wreiddiol.

BÉLINE: Toinette, rhaid iti fy helpu i yn fy nghynllun, ac mi elli ddibynnu y byddi di'n siŵr o dy wobr wrth fy helpu i. Gan nad oes neb, wrth lwc, yn gwybod am y peth, gad inni fynd â fo i'w wely, a pheidio dweud wrth neb nes imi ddarfod gwneud popeth. Mae 'na bapurau, ac mae 'na bres yr ydw i am gael gafael arnyn nhw, a 'dydi o ddim yn deg 'mod i wedi rhoi blynyddoedd gorau 'mywyd iddo fo heb gael dim ar ei ôl o. Tyrd, Toinette, gad inni gymryd ei allweddau fo i gyd.

ARGAN: (*yn codi'n sydyn.*) Ara' deg!

BÉLINE: (*mewn dychryn.*) Aah!

ARGAN: O ie, a fel 'ma rwyt ti'n fy ngharu i, ie?

TOINETTE: 'Dydi'r diweddar Argan ddim yn farw!

ARGAN: (*wrth Béline sy'n mynd allan.*) Rydw i'n falch iawn o weld dy gariad ti tuag ata' i, ac o glywed y ganmoliaeth arw ges i gen ti. Dyna rybudd imi wneith fi'n gallach o hyn ymlaen, a'm cadw i rhag gwneud llawer o bethau gwirion.

BÉRALDE: (*yn dod allan o'i guddfan.*) Ah! wel, fy mrawd, rwyt ti'n gweld rŵan.

TOINETTE: Ar fy ngair, 'fuaswn i erioed wedi coelio hyn'na. Ond mi glywa' i eich merch chi'n dod; gorweddwch yn ôl fel yr oeddech chi: a gadewch inni weld be wneith hi wrth eich gweld chi'n farw. Mae o'n beth sy'n werth rhoi prawf arno, a chan eich bod chi wrthi, mi gewch wybod fel 'na sut y mae eich teulu yn teimlo tuag atoch.

## Golygfa 13

(*Daw Angélique i mewn.*)

TOINETTE: (*yn gweiddi.*) O nefoedd! A! dyna drueni! dyma ddiwrnod ofnadwy!
ANGÉLIQUE: Be sy' arnat ti, Toinette, pam rwyt ti'n wylo?
TOINETTE: Och fi! mae gen i newydd trist ichi.
ANGÉLIQUE: Beth, da ti?
TOINETTE: Mae eich tad chi wedi marw.
ANGÉLIQUE: Mae 'nhad wedi marw, Toinette?
TOINETTE: Ydi. Mi'i gwelwch o yn fan'na. Mae o newydd farw ers ychydig, o wendid a ddaeth arno fo . . .
ANGÉLIQUE: O'r nefoedd! O! drueni! O ergyd greulon! Gwae fi! oes raid imi golli 'nhad, yr unig beth oedd gen i ar ôl yn y byd; gwaeth fyth, oedd raid imi ei golli o ar adeg pan oedd o wedi gwylltio yn f'erbyn i! Be ddaw ohono' i, druan ohono' i, pa gysur sydd 'na imi ar ôl y fath golled?

---

## Golygfa 14

(*Daw Cléante i mewn.*)

CLÉANTE: Beth sydd arnat ti, Angélique dirion? Am ba anhap yr wyt ti'n wylo?
ANGÉLIQUE: Gwae fi! Rydw i'n wylo am y peth anwylaf a mwyaf gwerthfawr y gallwn ei golli mewn bywyd. Rydw i'n wylo am farwolaeth fy nhad.
CLÉANTE: O nefoedd! O drueni! O ergyd annisgwyl! Och fi! Ar ôl i'ch ewyrth ofyn iddo ar fy rhan i, roeddwn i'n dod i 'nghyflwyno fy hun iddo a cheisio, trwy ddangos parch iddo ac erfyn arno, gael ganddo gytuno i'ch rhoi chi i mi mewn glân briodas.

ANGÉLIQUE: Ah, Cléante, peidiwn â sôn rhagor am ddim. Gadewch inni roi heibio feddyliau am briodas. Ar ôl colli fy nhad, rydw i am ymneilltuo o gymdeithas, a rhoi'r gorau iddi am byth. Ie, fy nhad, os bu imi wrthwynebu eich dymuniadau ychydig yn ôl, rydw i am ddilyn un o'ch bwriadau chi o leiaf a gwneud iawn felly am y loes yr wyf yn fy nghyhuddo fy hun o'i achosi ichi. Caniatewch, fy nhad, imi roi fy ngair ichi yma, a'ch cusanu i ddangos fy hiraeth.

ARGAN: Ah! fy merch!

ANGÉLIQUE: (*mewn dychryn.*) Aah!

ARGAN: Tyrd yma. Paid â dychryn, 'dydw i ddim wedi marw. Ie, rwyt ti'n ferch go-iawn imi, ac rydw i wrth fy modd 'mod i wedi gweld mor addfwyn wyt ti.

ANGÉLIQUE: Ah! Dyma bleser annisgwyl, fy nhad! Gan fod y nef, drwy lwc eithriadol, yn ateb fy ngweddïau ac yn eich rhoi'n ôl imi, gadewch imi fynd ar fy ngliniau i ymbil arnoch chi am un peth. Os nad ydych chi'n gefnogol i ddymuniad fy nghalon, os gwrthodwch chi Cléante imi fel gŵr, rwy'n crefu arnoch, o leiaf, i beidio â'm gorfodi i briodi neb arall. Dyna'r cwbwl rydw i'n ei ofyn gennych chi.

CLÉANTE: (*yn syrthio ar ei liniau.*) Ah, syr, gadewch i'w hymbilion hi a fy rhai innau gyffwrdd â'ch calon chi: peidiwch â gwrthwynebu teimladau brwd cariad mor hyfryd.

BÉRALDE: Fy mrawd, fedri di eu gwrthod nhw?

TOINETTE: Syr, wnaiff y fath gariad mo'ch cyffroi?

ARGAN: Gad iddo fynd yn ddoctor, ac mi ro' i 'nghaniatâd i'r briodas. Ie, dos, gwna dy hun yn ddoctor, ac mi gei di fy merch.

CLÉANTE: Â phleser; os mai dyna'r cwbwl sydd raid i ddod yn fab-yng-nghyfraith ichi, mi a' i'n ddoctor, neu'n ddrygist hyd yn oed, os mynnwch chi. 'Dydi hyn'na'n ddim, ac mi wnawn i lawer o bethau eraill i gael fy Angélique annwyl.

BÉRALDE: Ond, fy mrawd, mae un peth newydd fy nharo i . . . Dos yn ddoctor dy hun. Mi fydd yn fwy hwylus byth, fod popeth y mae ei angen arnat ti, ar gael ynot ti dy hun.

TOINETTE: Mae hyn'na'n wir. Dyna'r ffordd iawn ichi wella'n fuan; a 'does 'na'r un salwch yn ddigon hy i feiddio gwneud dim i ddoctor.

ARGAN: Fy mrawd, rwyt ti'n cael hwyl am fy mhen i, rydw i'n meddwl. Ydw i mewn oed i stydio?

BÉRALDE: Twt; stydio, wir! Mae gen ti ddigon yn dy ben; mae 'na ddigon o ddoctoriaid na wyddan' nhw ddim mwy na thi.

ARGAN: Ond rhaid cael crap go dda ar sut i siarad Lladin, 'nabod y clefydau a'r ffordd i'w gwella nhw.

BÉRALDE: Wrth dderbyn het a gŵn doctor, mi ddysgi di hyn'na i gyd, ac wedyn mi fyddi'n glyfrach nag yr wyt ti'n ei ddisgwyl.

ARGAN: Beth! Wrth wisgo'r dillad yna, mae dyn yn dysgu sut i sôn am glefydau?

BÉRALDE: Ydi. Dim ond siarad sydd raid: efo het a gŵn, mae pob malu awyr yn swnio'n ddoeth, ac mae pob lol yn swnio'n gall.

TOINETTE: Edrychwch, syr, petai gennych chi ond eich barf, mae hynny'n ddigon ynddo'i hun, y farf ydi mwy na hanner pob doctor.

CLÉANTE: Beth bynnag, rydw i'n barod i unrhyw beth.

BÉRALDE: Wyt ti am gael y peth drosodd yn fuan?

ARGAN: Sut hynny, "yn fuan"?

BÉRALDE: Ie, ac yma yn dy gartre.

ARGAN: Yn fy nghartre?

BÉRALDE: Ie. Rydw i'n 'nabod criw o ddoctoriaid sy'n ffrindiau imi, a mi ddon' yma gyda hyn i wneud seremoni yn dy stafell. 'Chyst o ddim iti.

ARGAN: Ond be ddweda' i? Be ateba' i?

BÉRALDE: Mi ddysgwn ni di mewn dau funud, ac mi rown ni bapur iti a'r geiriau y bydd yn rhaid iti eu dweud. Dos i wisgo dillad gweddus, mi a' i i yrru amdanyn nhw.

ARGAN: Reit, dowch inni weld hyn ynteu.
(*Exit.*)

CLÉANTE: Be ydi'ch meddwl chi, a be ydi ystyr y criw o ddoctoriaid 'ma sy'n ffrindiau ichi?

TOINETTE: Be ydi'ch cynllun chi felly?

BÉRALDE: Cael dipyn o hwyl heno. Mae'r actorion wedi gwneud sgetsh fach am seremoni raddio doctor, efo miwsig: rydw i am inni gael difyrrwch, ac am i 'mrawd chwarae'r brif ran.

ANGÉLIQUE: Ond f'ewyrth, rydw i'n meddwl eich bod chi'n cael braidd gormod o hwyl am ben fy nhad.

BÉRALDE: Ond fy nith, nid cael hwyl am ei ben, ond mwytho ei ddychymygion o. Rhyngom ni yn unig y mae hyn. Mi allwn ni i gyd gymryd rhan, a difyrru'n gilydd. Mae'r dathlu yn rhoi esgus inni. Gadewch inni fynd yn sydyn i baratoi popeth.

CLÉANTE: (*wrth Angélique.*) Ydych chi'n fodlon?

ANGÉLIQUE: Ydw, gan fod f'ewyrth yn ein harwain.

Diweddglo

(*Parodi yw o seremoni urddo dyn yn feddyg, gydag adrodd, canu a dawnsio.*)

## Dechrau'r Ballet

*(Daw nifer o addurnwyr i baratoi'r ystafell a gosod y meinciau, yn rhythmig. Yna daw'r cwmni i gyd i mewn: wyth yn dwyn chwistrell, chwech apothecari, dau feddyg ar hugain, a'r ymgeisydd ei hun, wyth llawfeddyg yn dawnsio a dau yn canu: daw pawb a chymryd ei le yn ôl ei radd.)*

LLYWYDD: *Doeth-issimi doctores*
*Coeth-issimi professores*
Sydd yma yr awron
A chwi foneddigion
Sy'n weision mor ffyddlon
Llawfeddygon a drygistiaid,
A'r holl gwmpeini hefyd,
Iechyd ac arian ichi i gyd
A blas da ar bob pryd.

Imi'n wastad mae'n rhyfeddod
Cystal y daeth meddygaeth i fod.
O, mor hyfryd, o mor gampus
Yw meddygaeth ogoneddus.
Mae ei henw mor rhinweddol,
Mae ei gwyrthiau mor aruthrol,
Wrth eu bodd rhydd fodd i fyw
I gyfran fawr o ddynol ryw.

Trwy'r holl ddaear ni a welwn
Fod meddygon yn y ffasiwn.
Bydd pob un yn fân a mawr
Yn gwirioni arnom 'nawr,
Pawb am ffisig ddaw i holi,
Pawb yn barod i'n haddoli;
Pan rydd meddyg ei orchymyn,
Rhaid i frenin mawr ei ddilyn.

Inni felly mae hi'n talu
Bod yn bwyllog a gofalu
Gweithio'n ddiwyd er mwyn cadw
Pob anrhydedd clod ac elw,
A gofalu peidio ethol
Unrhyw un na fo'n atebol,
Ac yn hollol haeddu bod
Yn llanw swydd llawn o glod.

Gan hynny cawsoch alwad,
A chredaf y cewch welad
Defnydd teilwng i wneud doctor
Mewn bonheddwr sydd yn sgolor,
Dyma fo i chi ei holi;
Dyma fo i'w groesholi;
Gennych chi a'ch mawr wybodaeth
Ar bob pwnc sydd mewn meddygaeth.

Y DOCTOR
CYNTAF: Os caf finnau ganiatâd,
Gan y llywydd, neno'r Tad,
A chan yr holl feddygon,
A'r hybarch ysgolheigion,
I'r sgolor mor ddysgedig
Sy'n fonheddwr mor barchedig
Mi ofynna' i beth yw'r rheswm
Fod cwsg yn dod wrth gymryd opiwm.

YR YMGEISYDD: Mae'r doctor mawr ei bwyll
Wedi gofyn cwestiwn t'wyll:
Mi ofynnodd beth yw'r rheswm
Fod cwsg yn dilyn opiwm.
Dyma'r ateb rwy'n ei ddysgu:
Yn yr opiwm mae rhinweddau
Sydd yn peri ichi gysgu
Ac yn suo'r holl synhwyrau.

Y CÔR: *Bene, bene,* bendigedig,
Dyna ateb gwir ddysgedig!

                    Yn ein plith mae'n haeddu bod
                    Gyda gradd a phob rhyw glod.

YR AIL
DDOCTOR:            Gyda chaniatâd y llywydd
                    Hoffwn fynd ar ôl y trywydd:
                    Dywed wrtha i'n ddiymdroi
                    Pan fo dŵr yn y bol yn cronni
                    Beth fyddet ti yn honni
                    Yw'r ffisig ddylid ei roi?

YR YMGEISYDD:       Yn gynta, *enemare*,
                    Ac yna *gwaedu—are*
                    Ac yn ola *carthu-are*.

Y CÔR:              *Bene, bene,* etc.

Y TRYDYDD
DOCTOR:             Rwyt ti'n sgolor heb ei ail,
                    Dywed imi heb hel dail:
                    I'r rhai sy'n diodde o'r diciâu
                    Sy'n gaeth y frest ac yn eu gwlâu
                    I'r rhai sy'n fyr eu gwynt
                    Pa ffisig roddet iddynt?

YR YMGEISYDD:       Yn gynta, *enemare*, etc.

Y CÔR:              *Bene, bene,* etc.

Y PEDWERYDD
DOCTOR:             Wrth ymdrin â'r holl glefydon
                    Gwyrthiol wir yw ei atebion.
                    Gyda'r cwmni oll yn gwrando
                    Hoffwn ofyn cwestiwn iddo.
                    Ddoe mi welais glaf truenus
                    Oedd yn diodde twymyn boenus.
                    A dyma oedd sumtomau'r cryd:
                    Poen yn ei fol a'i ben o hyd.
                    Bron â mygu'r oedd y truan:
                    Sut y ceid o i wella'n fuan?

YR YMGEISYDD:       Yn gynta, *enemare*, etc.

Y PUMED
DOCTOR:             Ond er yr holl dendio

                        Oni wnaiff y claf fendio
                        Be fyddet ti'n ei ddweud
                        Y dylid ei wneud?
YR YMGEISYDD: Yn gynta, *enemare*, etc.
                        Ac yna, ail-*enemare*, ail-*waedu-are* ac
                        ail-*garthu-are*.
        Y CÔR: *Bene, bene,* etc.
      LLYWYDD: Wyt ti'n barod i roi addewid
                        Y cedwi di yn ddigyfnewid
                        Holl reolau'r grefft feddygol
                        Yn gall a phwyllog a rhesymol?
YR YMGEISYDD: Ydwyf.
      LLYWYDD: Ar dy lw a wyt ti'n addo
                        I bob claf a ddaw am driniaeth
                        Y rhoi di'r un hen ffisig iddo
                        Boed dda neu ddrwg, er gwell er gwaeth?
YR YMGEISYDD: Ydwyf.
      LLYWYDD: I ymwadu rhag rhoi moddion
                        Na fo'n dda gan urdd meddygon,
                        Hyd 'noed pe câi effaith arw
                        Ar y claf, ac yntau'n marw?
YR YMGEISYDD: Rwy'n addo.
      LLYWYDD: Rhof iti gyda'r bonet,
                        Hen a pharchus het,
                        Rhof iti â mawl
                        Awdurdod a hawl
                        I greithio,
                        Anrheithio,
                        I falu a chwalu,
                        I dorri a thyllu,
                        I garthu a gwaedu.
                        Cei gyda'r radd
                        Pob hawl i ladd
                        Heb gosb o gwbwl
                        Nac unrhyw drwbwl.

(*Daw'r holl lawfeddygon a drygistiaid i foes-ymgrymu iddo yn eu tro.*)

YR YMGEISYDD: O ddysgodron y rheola',
Meistri riwbob sur a senna,
Ofer imi fyddai ceisio
Canu'ch clod, gan nad oes eisio.
Buasai'n ffôl, fel petawn innau
Yn rhoi i'r gwanwyn ei rosynnau,
Yn rhoi i'r môr ei fwy o donnau,
Yn gosod sêr yn y nef uwchben
A cheisio gloywi'r heulwen.
Hoffwn ddiolch yn ostyngedig
I'r holl gwmni mor ddysgedig.
Mae fy nyled ichi'n fwy
Nac i natur a mam, eu dwy.
Ganddyn nhw y cês i 'mywyd
Ond yn ddoctor nawr fe'm crewyd.
Cefais radd a phob anrhydedd:
Cewch fy niolch yn ddiddiwedd.

Y CÔR: Hwrê, hwrê, hwrê'n ddiball
I'r doctor newydd sy'n siarad mor gall.
Hwyl ar bob diod a hwyl ar bob pryd
A gwaeded, a lladded tan ddiwedd y byd!

Dechrau'r Ddawns

(*Mae'r llawfeddygon a'r drygistiaid yn dawnsio i gyfeiliant offerynnau a lleisiau, curo dwylo a churo pestlau drygistiaid.*)

LLAWFEDDYG: Anfoned ei gleifion trist
Yn dorf i siop y drygist!
A llanwer pob 'sbyty'n llawn,
Diolch i'w feddygol ddawn!

Y CÔR: Hwrê, etc.

LLAWFEDDYG: Boed pob blwyddyn iddo'n ffafriol
A phob clefyd yn ddifrifol:

Twymyn a phla a phliwrisi,
Gwaedlif a'r frech a dysentri!
Y CÔR: Hwrê, etc.

### Dechrau'r Ddawns Olaf

*(A'r meddygon, y llawfeddygon a'r drygistiaid i gyd allan, yn ôl eu rheng yn y seremoni, fel y daethant i mewn.)*

## DIWEDD

## NODIADAU

Y cymeriadau: Awgrymog yw enwau nifer o'r cymeriadau. Prin fod angen egluro *Angélique*, na *Purgon*, sydd â'i ffydd mewn gweithio a charthu'r corff. Cynnwys *Diafoirus* yr hen air *"foire"* sy'n golygu "dolur rhydd, y bîb". Daw *Fleurant* o'r ferf *"fleurer"* (arogleuo, drewi). Ystyr *Bonnefoi* yw "da ei air", "diffuant"—enw eironig ar gyfreithiwr. Ystyr *Béline* mewn hen Ffrangeg oedd "mamog" ond efallai bod awgrym o'r gair *"belette"* (y wenci) ynddo hefyd. Ffurfiau anwes yw *Louison* (o *Louise*) a *Toinette* (o Antoinette). Enwau confensiynol yw *Cléante*, *Béralde*. Mae enw *Argan* yn atgoffa dyn o *Orgon*, tad y teulu yn *Le Tartuffe*.

Act I, Golygfa 1: Gellir cwtogi llawer ar ymson Argan. Anodd cyfleu'r prisiau a geir yn y gwreiddiol mewn arian heddiw, ond rhag i neb feddwl fod Molière yn gor-wneud y nifer enemâu ac yn y blaen, dylid cofio i'r Brenin Louis XIV ei hun gymryd 215 dôs o ffisig, 212 enema a'i waedu 47 gwaith, *a hynny yn ystod un flwyddyn yn unig*, ar orchymyn ei feddyg.

*Wermod lwyd:* "casse récente" (casia ffres) sydd yn y gwreiddiol.

*Asiffeta:* "*catholicon double*" sydd yn y gwreiddiol, cymysgedd cryf o wahanol bethau i garthu'r corff. Hollol gamarweiniol yw'r cyfieithiadau Saesneg sy'n sôn am "injection" yn lle "enema": nid oedd y fath beth â phigiad yn bod yn yr ail ganrif ar bymtheg.

Golygfa 5: Gydag wyth mil y flwyddyn o incwm, rhaid fod cyfalaf Purgon yn aruthrol (rhyw 160,000 *livres*) ac yn ôl safonau'r oes nid yw syniad Argan am briodas yn ddisynnwyr o gwbwl.

*mi rho' i hi mewn cwfaint:* dyna dynged arferol merched di-briod y dosbarth canol.

Golygfa 7: Dylid esbonio nad oedd gan Ffrainc un gyfundrefn gyfreithiol. Amrywiai'r gyfraith yn aruthrol o dalaith i dalaith. Yn y De, lle daliai'r Gyfraith Rufeinig mewn grym, câi gŵr roi ei eiddo i'w wraig tra'n fyw, neu ei adael iddi yn ei ewyllys, ond yn y Gogledd gwaherddid hyn, rhag colli o'r plant eu hawl ar yr eiddo. Ond caniatéid rhoddion i rywun arall, ac roedd sawl ffordd arall o osgoi'r gyfraith fel y dengys M. Bonnefoi, sy'n fath o gofrestrydd dogfennau cyfreithiol yn hytrach na thwrnai fel y syniwn ni amdano.

Yr Anterliwt Gyntaf: Polichinelle, cymeriad doniol o'r *Commedia dell' arte*, y gomedi Eidalaidd draddodiadol, ac mewn Eidaleg y mae'n canu yn y gwreiddiol. Fel arfer chwaraeai ran gwas neu hen ŵr mewn cariad. Ohono ef y datblygodd "Punch" yn y sioe "Punch a Judy". Gwaith y gwylwyr oedd cadw'r heddwch fel yr heddlu heddiw.

Act II: Drannoeth y digwydd hyn.

Golygfa 5: Sieryd Thomas yn ôl rheolau rhethreg fel y dysgid nhw yn yr ysgolion a'r colegau.

*Oes eisiau imi roi cusan iddi?* Ei llaw a ddylai ei chusanu, wrth gwrs, ond cais gusanu'r ferch ar ei thalcen, ond ymgryma hithau mewn pryd fel ei fod bron â syrthio drosodd.

Cadeiriau: Esgus am lawer o hwyl i'r actorion. Eistedd Thomas ar stôl ond cwyd wrth glywed ebychiad gan Toinette, ac eistedd Angélique yn ei le. Deuir â chadair plentyn i Thomas, ac fe gaiff yntau'r drafferth fwyaf i eistedd ynddi.

*Cylchrediad y gwaed:* Darganfuwyd hyn yn 1619 gan y Sais, Harvey, ond gwrthodasai meddygon uniongred Ffrainc ei dderbyn hyd amser y ddrama, ond yn 1673 creodd y brenin gadair arbennig "i ledaenu'r darganfyddiadau newydd."

*traethawd:* nid llyfr ond rholyn anferth o bapur neu o sidan, ag arno luniau alegorïaidd gyda'r dadansoddiad o'r pynciau a drinid ynddo.

Araith faith Cléante: gellir cwtogi hon yn helaeth, fel y gwnaethpwyd yn Llangefni a chan Gwmni Theatr Cymru.

*Nego consequentiam . . . Distinguo . . . concedo . . . nego:* Termau Lladin a ddefnyddid yn nadleuon ffurfiol y colegau.

Golygfa 8: Eithriadol iawn yw darlun mor naturiol o blentyn yn nramâu'r ganrif hon.

Act III, Golygfa 1: *Dôs o wermod:* "casse" (casia) sydd yn y gwreiddiol.

Golygfa 6: Dyna ben ar y briodas rhwng Angelique a Thomas, gyda Purgon yn rhwygo ei addewid o waddol iddynt, ac yn sathru'r darnau dan draed.

Golygfa 8: *Almanac Caergybi*—yn y gwreiddiol, "Est-ce un oracle qui parle?" ("Ai oracl sy'n llefaru?")

Golygfa 10: Dengys disgrifiad Argan o'i sumtomau *fod* rhyw fath o waeledd arno—gordyndra yn ôl awdurdodau meddygol—ond dim byd angeuol.

Golygfa 13, 14: Tybed nad yw Angélique yn gwybod ymlaen llaw am ystryw Toinette?

Yr Anterliwt Olaf: Mewn cymysgedd macaronig o Ladin a Ffrangeg y mae'r gwreiddiol. Ceisiwyd awgrymu hyn mewn ambell fan, ond bernais mai doethach oedd cyfieithu i fydryddiaeth gocosaidd. Mewn rhyddiaith, ac mewn Lladin pur, y cynhelid y seremoni raddio go-iawn. Ond ar wahân i hyn, nid yw'r seremoni yn ôl Molière mor bell o'r gwirionedd, nac mor anhygoel, ag y buasech yn ei dybio, er ei fod yn cyfuno manylion o ddwy seremoni—seremoni'r fagloriaeth a seremoni'r ddoethuriaeth. Cychwynnai gydag araith y llywydd yn sôn am bwysigrwydd meddygaeth ac yn amlinellu cyfrifoldeb y meddyg newydd. Yna arholid yr ymgeisydd gan y Gyfadran. Cynhwysai'r seremoni go-iawn gwestiynau fel "A yw tisian yn weithred naturiol?" ac "A ddylid ystyried cyfnodau'r lleuad cyn torri'r gwallt?" ac fe geid atebion fel "Mae'r stumog yn treulio bwyd oherwydd fod ganddo'r gallu cydgymysgol" a "Mae senna'n carthu achos fod ynddo'r ansawdd beilwaredol." Ar ôl rhoi atebion boddhaol, âi'r ymgeisydd ymlaen i dyngu llwon o ffyddlondeb i'r Gyfadran. Fel arfer seremoni ar wahân oedd hon, ond dilynodd Molière y manylion yn fanwl. Cymerid llw i barchu rheolau'r Gyfadran. Crefyddol oedd yr ail lw ac yn ei le rhoes Molière ffug lw i ufuddhau i'r meddygon hynaf. Gyda'r trydydd llw addawai'r ymgeisydd i frwydro yn erbyn ffug-feddygon a moddion gwaharddedig. Yna gosodid y fonet feddygol ar ben yr ymgeisydd gan y Llywydd. Yn nhestun Molière ychwanegir yr hawl i "dorri a gwaedu" ond llawfeddygon yn unig a gâi wneud pethau o'r fath: ni chyffyrddai'r meddygon â'r corff o gwbwl. Terfynai'r seremoni gydag araith o ddiolchgarwch gan y meddyg newydd—yn aml mor flodeuog â'r un a geir yma. Mewn ambell seremoni ceid miwsig fel a geir yma. Rhydd yr athronydd John Locke ddisgrifiad o seremoni rwysgfawr, gerddorol a lliwgar ym Montpellier yn 1676.

Pan ddaeth at y gair "*Juro*" (Rwy'n tyngu) y trawwyd Molière yn wael yn ei berfformiad olaf, ond daliodd ymlaen at y diwedd. Yn y Comédie Française mae'n draddodiad o hyd, ar ddiwrnod marw Molière, chwarae'r seremoni hon gyda phob aelod o'r cwmni yng ngwisg ei brif ran, boed gomig, boed drasig.

## CYFRES Y DDRAMA YN EWROP
### wedi eu cyhoeddi

BECKETT: *Diwéddgan*, cyf. Gwyn Thomas
BECKETT: *Wrth Aros Godot*, cyf. Saunders Lewis
TSHECHOF: *Gwylan*, cyf. W. Gareth Jones